入居者を引き寄せ満室御礼！
大家さんのための新空室対策

久保力也 著

セルバ出版

はじめに

「満室にする！」

毎日十回その言葉を口に出して言えば実現できます。嘘みたいな話ですが、私は満室の夢が叶いました。口に出して意識することで行動が変わり、欲しい結果を実現できることを体感しています。ですから、口に十と書いて「叶う」という漢字なのです。サラリーマン時代の私なら鼻で笑っていたでしょう。

しかし、サラリーマン人生と区切りをつけ、自分の腕一本で生きる覚悟を決めた以上、生き残るために色々な可能性を試していかなければいけませんでした。今までの常識を捨ててきても。

大空室時代。大家さんも不動産業者も未だかつて体験したことのない時代に突入しています。生き残りをかけて今までの常識とは違う考え方や価値観、行動することが非常に重要です。

「それは、不動産業者がすることだから」

大家さん、そのような常識を捨ててください。生き残り進化するために今までのあるべき論を捨てて大家さんが率先して行動することで事態が好転します。大家さんが新常識を身に着け、今まで以上に不動産業者と協力体制を築くことが、賃貸経営の健全・安定化の大きな礎になると考えます。

29歳で異業種業界から「金なし、知恵なし、経験なし」の状態で当たって砕けろの気持ちで賃貸の現場に飛び込み、たくさんの気づき、学び、経験を得ることができました。

その中で強く感じたのは、大家さんがやるべきことやできることがまだまだたくさんあることです。そんな想いを持っていたときに、ある大家さんから相談を受けました。

「セミナーや勉強会に行くとやる気は出るんだけど、実際何から手を付けていいかわからない。それに凄すぎてとても自分にはできる気がしない」と。

やれることはあるのにやり方がわからない、学んだことが特殊だったり限定的すぎて、実践しようにも再現性が低いことに悩んでいる大家さんもいるということを知りました。

大家経験ゼロでも賃貸の現場に体当たりで飛び込んだ私だからこそ伝えられることがあるのではないか。自分の体現したことが悩んでいる大家さんのチカラになるのではないか。そういう想いから本書はできあがりました。

本書では再現性が高く、賃貸経営に役立つ考え方や方法を余すことなくご紹介しています。

行動実践でき、賃貸経営に自信がつく、そんな「デキる大家さん」が1人でも多く生まれるきっかけになれば幸いです。

平成26年12月

久保　力也

入居者を引き寄せ満室御礼！　大家さんのための新空室対策　目次

第6章　オモテナシのココロで入居確率を上げる

第7章　賃貸経営の現場から退場しないためにも

第1章　僕はこうして大家さんになりました

1　実は毛嫌いしていた大家業

部屋も借りたことない素人若造が大家を目指す

２００７（平成19）年8月。29歳の夏。それまでの苦労が報われる日がやってきました。物件の引渡しを受けて晴れて念願の大家さんとなりました。

当時の私はマイホームを所有するどころか、賃貸物件に住んでいました。しかも、実家を出て一人暮らしをしていた部屋は、父の所有する物件の一室に入居していたのです。

それまで、自分自身で不動産屋さんを巡り、様々な物件を内見し、重要事項の説明を受け、賃貸借契約を結ぶという、いわゆる一般的な部屋の借り方をしたことがありませんでした。

そんなまだまだ世の中をわかっていない素人若造が賃貸経営に乗り出すとあって、周りの同級生や仲間からは「今から人口が減っていく市場だし、どんどんライバル物件が建設されている。悪いことは言わないからやめとけ！」と耳に痛いアドバイスを沢山もらいました。

確かに状況をみると彼らのいうのはもっともです。しかし、私の心は決まっていました。

「確かに市場としては縮小しているだろうけど、人は必ずどこかに住んでいる。それが私の物件であればいいことだけ。しっかりとした住環境を提供し、やることをやれば絶対うまくいくはずだ」と。

「それに、一度入居してもらえれば、毎月安定した家賃収入があるわけだし、借金といってもそこから返済するわけだから、実質入居者さんが返済するようなもんだよな。そして最後には、自分の物になる。賃貸経営って素晴らしい！」そんな甘い夢を見ていました。

見たくなかった人間の闇の部分

そんな強い意志と甘い夢を見ながら大家さんになったわけですが、実は、大家さんになるという選択肢は、それまでの人生で一切ありませんでした。むしろ、敬遠、いえ毛嫌いしていたといってもいいでしょう。

それには理由があります。父は、左官業を生業にしていながら賃貸経営に魅力を感じ、昭和55年に初となる鉄骨造3階建ての賃貸マンションを建設しました。その後、中古物件を取得するなど、2棟11戸の大家さんでもありました。

幼少の頃より賃貸経営の現場が私の生活の中にありましたが、思い出として残っていることは辛いこと、悲しいことだらけでした。

中古物件は欠陥物件で入居者さんの部屋が床下陥没したり、家賃の滞納や夜逃げ、裁判による立ち退き請求など、両親の精神的・金銭的ダメージを目の当たりにしてきました。このようなショッキングな印象は小さい私の心に強く残り、大家さんって絶対やりたくない！と感じたのを覚えています。

2　既成概念が崩れた1冊の本とある人との出会い

やりたいことが見つからなかった学生時代

私は未だかつて地元・鹿児島から出て生活をしたことがありません。加えて説明するなら、生まれ育った地域からも出たことがありません。

生まれ育った地域は、鹿児島市の中心部である、鹿児島中央駅の北西エリアになります。鹿児島一の繁華街・天文館や鹿児島中央駅に徒歩でいける立地の良さや県内一の進学高校がある文教区として人気が高いエリアです。

そんな地元っ子の私は地元の小・中・高校・大学と進学し、一般的な学生時代を過ごしました。そして避けては通れない就職を探す時期がやってきました。なにかやりたいことあるのか？　自問自答しましたが、これと言ってやりたいことが見つかりませんでした。

ただ、両親のように、自営でなにかやれたらいいなと漠然と思っていました。そうしていると、有り難いことに地元の民間企業に内定が決まり、そのまま就職しました。この企業は鹿児島に本社を構えながらも、マーケットは全国であり、B to C (business to consumer：企業と一般消費者に製品の販売やサービス提供をすること）をメイン事業にしています。

この企業に入ったことがきっかけとなり、大家さんとして歩み出し、また賃貸経営という事業を軌道に乗せる重要なことを学ぶことになるとは、このときは予想もできませんでした。

父から手渡された１冊の本

就職が決まりアルバイトに明け暮れていた２０００年12月、父がクリスマスプレゼントをくれると言ってきました。22歳の息子に今更なにをプレゼントしてくれるのだろう？　と思っていました。それは1冊の本でした。

『金持ち父さん、貧乏父さん　アメリカの金持ちが教えてくれるお金の哲学』

日本でもかなり販売実績を上げた、お金に関する新しい考え方を説いている書籍です。

今だから正直に言います。「え?!　プレゼントってこれ?!」手渡された瞬間、そのセリフが脳を駆け巡りました。とはいえその感情をすぐに出すほど子供でもありません。

そして父は、この本の凄さを当時の私に説明してくれました。あまりにも父が身振り手振りで力説するものですから、それに応えるべく相槌とうなずきでその場を対応しました。

ですが、私の興味が湧く話でなく、その本は1回も開かれることなくすぐに本棚に直行となりました。そして後程登場する人物の話を聞くまで僕の目に触れることはありませんでした。

しかし、もし過去に戻れるなら私は過去の私にこういいます。

「絶対今すぐにそれを読んだほうがいいって。知ってるか知らないかで未来は全然違うものになるから」

サラリーマン時代に学んだ大切なこと

２００1年4月、新入社員としての1か月研修を終え、社会人として新しい一歩を踏み出した私にとって、見ることやることすべてが新鮮で刺激的でした。

入社当時、売上30億円、顧客会員数30万人を有しており、6年後の退社時には、売上１００億、顧客会員数１２０万人と着実な成長を実践している地元・鹿児島の優良企業です。

そして配属されたのが企画課。

広告担当として顧客の新規開拓、購入していただいた顧客に対する案内資料や販促資料を作成といった業務を担う部署です。

この部署で学んだことは、本書で解説する、大家さんにとって大空室時代を生き抜くためのこれからの新常識の考え方に深く繋がりますので詳しく説明します。

すべては世の中に知らしめることから始まる

就職した企業の商品の認知手段は、営業マンが飛び込み営業やルート営業をする類のものではなく、「広告」を柱としていました。TV・チラシ・新聞・ラジオの四媒体です。のちにインターネットも利用されますが、当時はその四媒体を利用していました。

私は、新聞広告担当として配属され、先輩とチームを組んでいました。新聞広告は大きく2つに分類され、記事体広告（新聞の記事のような構成でつくられる広告）と記事下広告（記事欄の下に配置される広告）になります。

先輩とは毎日宣伝広告の内容について打合せをしていました。営業マンがいない、つまり、私たちの仕事の良し悪しが売上に直結するからです。

まずは、『商品がある！』ということをしっかり世の中に知らしめること＝プロモーションがすべての始まりです。

知られていない＝ない、存在していないと同じことだと耳にタコができるほど聞かされてきました。

また、こういうことも教わりました。

「商品を案内するだけではダメ。読み手にとって必要な情報だと認識してもらうことが一番大事。そして手に取って読んでもらえる、電話をして商品について聞いてみたくなる、注文したくなる、顧客にどう行動してほしいかを想像することも重要です」と。

どういう方を顧客ターゲットとするのか？　それを深堀しなさいということです。

取り扱う商品が同じでも、商品説明の切り口、季節による利用シーンの違いで様々な広告内容に変化します。そうやって考え抜いたものを社内稟議にかけ出稿します。

反響数を確認して、費用対効果を検証する。そしてまた新しい広告内容に反映させる。

そんなＰＤＣＡサイクル（plan do check action：計画、実行、評価、改善）を繰り返し、より費用対効果の良い宣伝広告にしていくのです。

顧客目線を徹底的に考える

次に、顧客向けの資料作成に関してです。購入商品を通信販売で直接顧客にお届けするスタイルで、様々な資料を同封します。顧客は大きく分けて2つに分類されます。商品を初めて購入される方、リピーターとして購入される方です。そのターゲットによって、作成する資料の目的が変わってきます。

商品を初めて購入した方には、まず商品をしっかり理解していただくことを目的とした資料になります。そのために、商品の持つUSP（unique selling proposition：商品の持つ強みや売り）をしっかり説明し、想定される疑問や質問、不安を取り除くような内容を中心に、『また購入したい！』という気持ちを育む紙面に仕上げます。

一方、リピーターとして購入した方には、商品に関しては理解度がある方々ですのでより一層商品に対する愛着を持っていただくことと、より深い関係性づくりを目的とした資料になります。継続してご購入頂いた感謝をはじめ、この商品を購入した他の顧客の声を紹介し、この商品を選んで、買って良かったという安心感を打ち出します。

また、常に顧客の意見を吸い上げ、業務改善を心がける等の顧客第一主義を訴求し、信頼性と継続購入を促します。

この2つの例からご理解いただけるように、ターゲットとする目的が違うだけで訴求するポイントが違うということです。

どちらも同じ商品の資料ですが、読み手の立場が違えばまったく違う資料となります。

『なんのためにその資料を作成しているのか?』それを深堀し、顧客心理に沿ったことを実践しているからこそ、顧客に支持され、売上増・会員顧客数増を達成できていました。

サラリーマン時代に学んだことと賃貸経営

サラリーマン時代に学んだ、この2つのことをおさらいします。
① 世の中に知らしめる＝プロモーション
② 顧客目線を徹底的に考える＝ターゲット設定
この2つのことは、大家さんとなり賃貸経営をしている私が満室経営を実現していることに大いに寄与しています。

大家さんにとってお部屋は商品です。

では、その商品を売りたいと思えば、まずなにをすべきなのか?

そうです。まずそれを世の中に知らしめることがすべての始まりです。この物件には空室があると認識してもらう必要があります。

次に、その認識してもらう相手を誰に設定しますか?

「そんなのお部屋を探している入居希望者に決まっているだろう」。それも正解です。

でもちょっと考えてみてください。その入居希望者を連れてくるのはいったい誰ですか?　おわかりですね。

まず、我々大家さんが空室を認識していただく相手は、「不動産業者」の方々です。大家さんは、不動産業者の方々に広告宣伝活動＝プロモーションをしっかりしていく。これが、入居者を引き寄せる空室対策の新常識だと考えます。その詳しい内容については後程解説していきます。

この話を聞かなければ大家さんを目指してなかった

さて、なぜ私が大家を目指したのか、に話を戻します。

職場環境にも慣れ、仕事も一通り覚え、1年、また1年と月日が経っていきました。担当部署異動によりメイン事業部署全般の課を経験し、自分の中で余裕が出てきました。そうすると不思議なもので、いろんな欲が出てきます。

それまでは、積極的に社外の方と付き合うことをしていなかったのですが、この頃から色々なところに顔を出し知識と人脈づくりにお金と時間を費やすようになってきました。そんな中で、様々な人達から株や投資信託といったお金に関する話を聞く機会が多くなりました。

ただ、そのような知識を持ち合わせていない私でしたので、自分には関係のない話だと意識をシャットダウンしていました。

そんな中、久しぶりに尊敬する先輩と会食をしました。豊富な知識を有し、様々な人脈を持ち合わせ、勤めている企業では重要なポストについている。私に持っていないものをすべて持ち合わせた、そんな憧れの方です。

また、ちょうど10歳離れている彼は、私の兄貴的な存在でもあります。会うと私の近況報告から始まり、悩んでいること、困っていることを、彼が聞いてアドバイスをくれる。それが私たちの間柄でした。ちょうどその日もいつもの感じで会話に花が咲いていていました。とすると、先輩が自身の話をし出しました。

「実は俺、大家さんになったんだよね」と。

彼が自身の話をすること自体少ないので驚きですが、まさか不動産投資をして大家さんになっているということにもっと驚きました。聞けば会社に頼らない生き方を模索している中で、最終的に不動産投資が自身に一番合っていると判断し、その道を選んだということでした。

賃貸経営はサラリーマンという本業に支障をきたすことなく参入しやすい、アウトソーシングが整った業界であること。事業主として様々な経験が積め、新しい人脈やネットワークが構築できて、人生の幅や広がること。

また、「住」という人間に必ず必要なものを提供できる、大家さんの持つ社会的な役割にも大きな魅力を感じたという彼の話に、私はとても大きな感銘を受けました。

「大家さんって儲かるだけではなく、素晴らしい世界を造り出せる仕事なんだな」と。

早速不動産投資に関して色々知りたい！　その気持ちから彼にどんなことから学べばいいか色々聞くと数冊の本を紹介してくれました。

【図表１　はじまりの３冊の本】

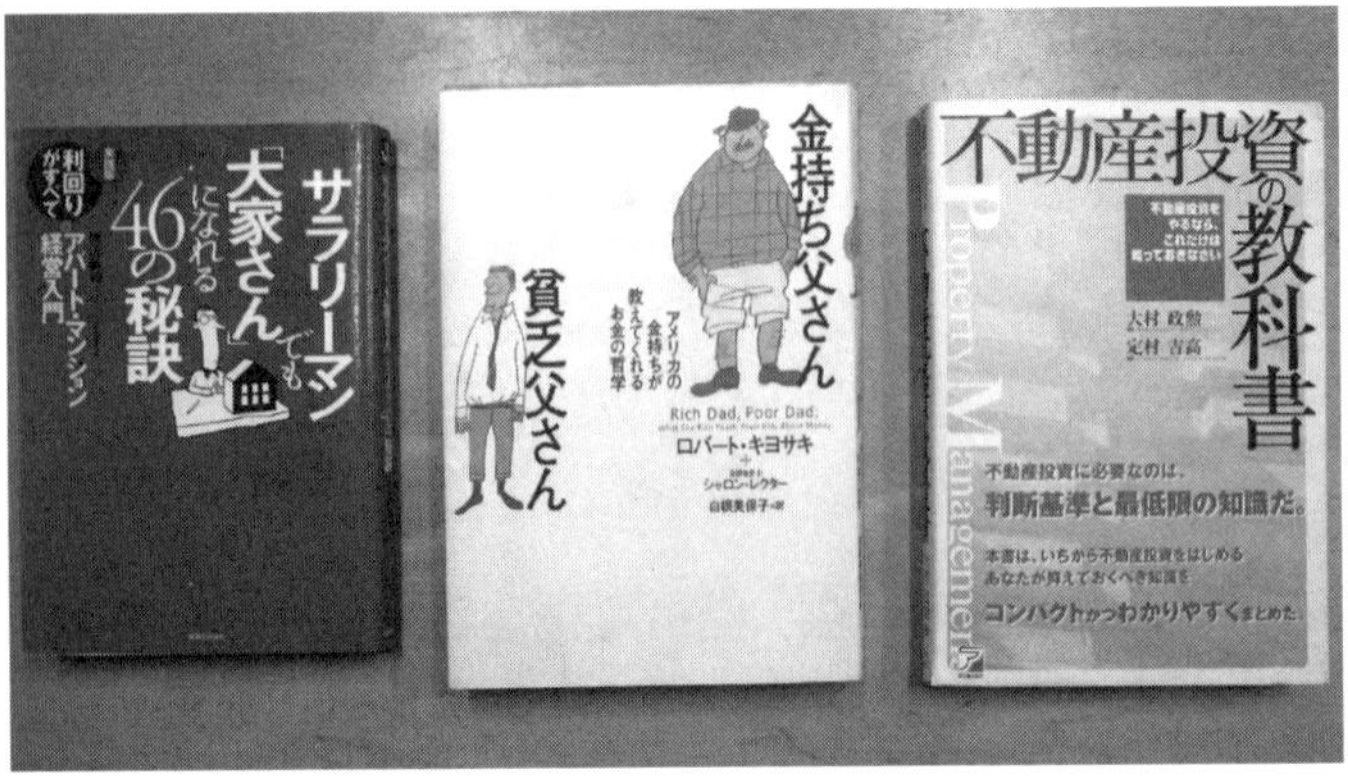

「ん、待てよ、この金持ちなんとかって前どっかで聞いたことがあるぞ」

そうです。

数年前父からクリスマスプレゼントにもらった、父が力説してくれたあの本です。

憧れの先輩と父が同じものを私に教えてくれている。これも何かの運命と感じ、すぐ家の本棚に眠っていたこの本を手に取りました。

読み進めるにしたがって私がこれまで持っていた既成概念が音を立てて崩れていくのを感じました。同時に、不動産投資を行って、大家さんになることを強く意識し出しました。

「不動産投資の教科書　大村政薫　著」
「金持ち父さん、貧乏父さん　ロバートキヨサキ　著」
「サラリーマンでも大家さんになれる46の秘訣　藤山勇司　著」

３　大家さんを目指して具体的にやったこと

素人の自分になにができる？

その日を境に、不動産投資に意識を向け出した私は、素人でなにもわからない自分ができることはなんだろうかと答えを探しました。

出てきた答えは、「貯蓄をする」「インプット量を増やす」ということでした。

不動産投資は大きなお金が必要になります。全額自分で用意できればいいのでしょうが、一般的には借金をして土地建物を購入します。その借金を少しでも少なくしたい、また金融機関に有利に話ができるように少しでも多くの現金を持っていたほうがいいだろうと考え、まずは毎月しっかり貯金を実行するようにしました。

当時、給与から天引される一般財形預金を利用していました。ただ、２００１年の入社当時から毎月１万円しか貯蓄しておらず、ほとんど貯まっていない状況でした。

それを２００４年10月より、毎月５万円に引き上げ、ボーナス時には25万円を貯蓄にまわし、年間１１０万円を貯蓄するように、貯蓄体質に変えていきました。

この貯蓄は引き出すには会社の承認がなくては引き出せないので、自分に甘くすぐ浪費してしまう私にとって心強い制度でした。

次に「インプット量を増やす」です。知識がゼロでしたから、まずは関連書籍を読み、可能であれば勉強会やセミナーを受講することを考えました。

関連書籍は先輩から教えてもらった本をまず購入しました。そして、本屋に行った際には、今まで立ち寄ったことのない、不動産投資コーナーやビジネス書コーナーにも足を運び、素人の自分に合った本を探しては購入するようになりました。様々な書籍が出ている中で、２００４年当時素人向けのものは少なかったように記憶しています。

勉強会やセミナーに関しては、自身の情報収集力が足りなかったせいもありほとんど参加できないという状況でした。唯一参加できたのは、大手メーカーが主催するサブリース型アパマン経営関連のセミナーでした。

こういうセミナーに参加すること自体初めてで、専門用語や慣れない業界用語が飛び交い自身の知識のなさを改めて痛感しました。また同時に、不動産投資をするに当たって、彼ら不動産業者と同レベルで話ができるようになりたい、自分の身を守る意味でも知識武装しておく必要があると考えるようになりました。

そして、閃いたのが、「宅建取得」です。宅建の勉強をすれば知識も増えるし、持っていればハクが付くだろうという考えです。

今考えれば素人の暴挙とも思われるかもしれませんが、当時の私が真剣に考えた上での決断でした。

ユーキャンで知識武装に臨む

宅建取得。

それは国家資格である宅地建物取引主任者資格試験に合格することから始まります。過去15％前後の合格率を推移する一筋縄ではいかない資格であることがわかってきました。

まず独学で取得できないかと思い、書店で宅建資格試験に関する書籍に片っ端から目を通しました。が、その分厚さと紙面いっぱいに記載されている小さな文字群を目の当たりにするとどんどん勉強意欲が削がれていきました。

また、資格試験対策をしている学校に通い、じっくり試験に臨めばいいのでは？　と思い資料を取り寄せたところ、これがまた高額でした。結局予算オーバーでこれも断念せざるを得ませんでした。

悶々としている中、偶然ＴＶで知ったのが、ユーキャンの宅建取得講座です。自分の時間で学べる通信教育ですが、、模擬試験なども実施してくれて客観的に自分の実力を知ることができるようになっており、スクーリングに近い形でしっかりとした知識習得が望めると感じました。

また、厚生労働省指定の教育訓練給付金の支給対象講座になっており、予算的にも魅力的な内容でした。

もう迷っている時間はありません。宅建は年に一度の試験です。１日も早く勉強をスタートさせたほうがいいと考え、自分の直感を信じこのユーキャンの宅建取得講座に申し込みました。

【図表２　ユーキャンの宅建教材】

２００５年1月、待ちに待ったテキストが届きました。宅建業法、権利関係、法令上の制限、税・その他、過去問、それら合計5冊です。

テキストの使い方にあるように、まず最初から最後まで通読して全体像をつかむことを意識しました。

ここまでは、順調でしたが、悪い癖がでてしまいました。

全体像を掴めたことで安心してしまって、勉強をおざなりにしてしまったのです。

まだテキストを一読しかしておらず気づけばゴールデンウィーク前。5か月も勉強が進んでいませんでした。

宅建は1年に1回しか試験がありません。このチャンスを逃すと、また1年勉強しなければなりません。

心改め、毎日3時間程、テキスト通読と過去問回答を繰り返し、記憶を定着させることに専念しました。

運命の宅建試験

２００５年10月16日（日）、試験会場の鹿児島工業高校で試験が始まりました。センター試験や入社試験をはじめとする過去受けたどの試験よりも緊張したのを覚えています。

宅建の試験は、四肢択一式50問の問題を制限時間２時間の中で解きます。すぐ解答が導き出されるものと残り２つに絞られ、どちらになるか迷うものが出てきます。それに迷っていて時間を取られると残り時間が少なくなり、結果タイムオーバーとなる場合があります。

それを防ぐ意味でも、解答できる問題からどんどん解いていき、余った時間をその迷っている設問に充てるようにします。

私も迷う問題が10問ほどあり、自分の持てる知識を総動員させて覚悟を以て解答しました。宅建の試験は四肢択一式でマークシート解答であり、解答書は数字が黒塗りされています。

最後に解答のし忘れや番号違いがないかチェックをするのですが、同じ数字が５か所も並んでいるのを発見しました。

「こんなに同じ数字が続くことがあるんだろうか？　でも、これが正解だと思うんだけどな。でも大丈夫かな？　でも…　でも…」。

時間の許す限り自問自答を繰り返しましたが、一度出した回答をひっくり返すことはせず試験は終了となりました。

試験問題を片手に自宅に帰り解答速報を待ちます。自己採点で何点取れたかを確認するためです。

18時過ぎにネットで解答速報が出ました。持ち帰った先ほどの試験問題用紙に書き込みをした数字に○×をつけていきます。

自己採点結果、40点。合格ラインが33点前後といわれていたので、一安心しました。

ちなみに同じ解答が5か所続いたものはすべて正解でした。あのとき自分が導きだした解答を信じて良かったです。

2005年11月30日、無事に宅建の合格証書が届きました。それまで不動産に関してズブの素人だった私ですが、とても誇らしくまた自信となりました。その後、登録実務講習を受けて2006年10月に宅建主任者として鹿児島県知事登録となりました。

4　不動産投資に着手する

マイホームと不動産投資、どっちが先？

サラリーマンをしながら不動産投資に向けて、日々書籍による情報のインプットや宅建取得をするなど不動産知識向上を図っていました。

ただ、私の周りには不動産投資に興味がある人は皆無で、その手の話題が出ることはほとんどありませんでした。ただ、その不動産が投資でなく、マイホームとなると話は違います。周りにいる仲間はほとんどが20代後半。ほとんど結婚しており、出産を機にマイホームを取得する仲間が増えてきました。

一生に一度の大きな買い物ですから、皆色々な情報収集をしていましたし、その情報交換・共有するのが多くなっていました。

そういう場に居合わせると、不動産投資をするよりまずはマイホームを手に入れるのが先ではないのかな？　と考えてしまう場合も多々ありました。一般的にはそう考える方がほとんどでしょうし、不動産投資をしようとも思わないでしょう。

しかし、様々な情報をインプットした私はまずは不動産投資を実行し、そこから生み出されるキャッシュフローでマイホームを建築・購入したり、新たな不動産投資を行うことを選択しました。

もちろん、リターンだけなく、リスクも十分に認識したうえでです。

第６感を使って選ぶ

知識のインプットも大事ですが、不動産情報のインプットも重要です。不動産情報はネットや紙媒体で容易に収集しやすくなってきています。中には、表に出ていない秘密の情報もありますが、それは素人の私にそうそう回ってくるものではありません。そういうのを期待しても待っているのは時間の無駄です。入手できる情報の中から希望にあうものを選んでいきました。

表面利回りや間取り、エリアといった簡単な調査でふるいにかけ、残ったものは現地に赴き、物件自体と周辺地域をエリアサーベイします。その現場調査で良いものはレントロール、評価額、競合物件、修繕履歴、売却理由の情報を入手して投資対象を精査していました。

その際、私が重要視していたのは現地に行ったときに感じるフィーリング、つまり第6感でした。直感であり、もっと砕けていうと好きか嫌いかということです。

これに関しては賛否両論あるとは思いますが、投資者である私がワクワクするかどうかは非常に大きなウェイトを占めていると思うからです。それは、私の性格上自分が本当に良いと思ったもの、大好きなものしか人にすすめられないからです。

大家さんの商売は自分の物件の部屋を貸すことです。その自分の物件を本当に良いものだ、大好きだ！　と言い切れないといけないと思っているからです。

そういうちょっと変わった基準も持っていたので、なかなか希望に合う不動産には出会うことができませんでした。

予想してない物件が舞い込んできた

半年ぐらいなにも変化がない状況が続きました。焦っているわけではありませんでしたが、自分は本当に大家さんになれるのだろうか？　と考えるようになってきました。

すると、母から連絡がありました。ある不動産屋さんが取得した土地があり、転売前に見てみないかという内容です。今まで投資案件として検討してきたのはすでに建物がある中古物件のみでした。それまで新築するという考えがありませんでしたが、この硬直状況を少しでも打破できればと思い母とともに対象の土地を見に行きました。

鹿児島市の中心部から車で約20分ほどで到着しました。とある住宅地に位置し土地面積は約２００坪。ただし法面があり、擁壁工事を施し有効面積は１２０坪でした。

鹿児島は車社会で、この場所であれば必ず車が必須になります。計測してみると鹿児島市道に40ｍも接道していて、建物配置を工夫すれば駐車場も部屋戸数より多く確保できる計画が立案できそうです。

南向きであり日中影を落とす建物もなく、また将来的に建ちそうな感じもありません。

そして重要な私の第６感、好きか嫌いかというアンテナは見事好きにその針を向けました。自然豊かで牧歌的な場所は、私が生まれ育った地元に通じるものがありました。

さらに、新築であれば今とこれからのトレンドを見越した間取りや設備を導入することで、競争力を強化することができます。完成するまで多少の時間はかかりますが、建物工事の勉強にもなりますし、自分が自信をもっておすすめできる賃貸物件になると確信が持てたからです。

間取りから見る満室経営の糸口

土地は見つかりました。あとは、建物計画と資金計画です。

早速、設計士に希望の建物ボリュームを伝えます。

「木造2階建て、全戸１ＬＤＫタイプでお願いします。何部屋ぐらい収まりますか？」

色々調整した結果、40平米が8部屋とれる計画ができそうです。ある程度はプロに任せましたが、出てきたプランを訂正してもらったところが1か所あります。リビングと洋間の配置関係です。

訂正案はこうです。

玄関からの廊下をつくってもらい、リビングと洋間を離して配置してもらうようにしました。これは差別化を考えての戦略でした。

当時、1LDKタイプは人気が出てきていた間取りです。その1LDKタイプをネットで探すと、リビングの横にもう1つの部屋があり、引き戸で仕切られる続き間タイプが多く見受けられたからです。実際、お部屋を成約された方と話をする機会があり、このリビングと洋間が離れているタイプを探していらっしゃったそうです。

しかしあるのは、続き間タイプばかりでなかなか見つからなかったところ、私の物件のみが希望する間取りで入居を決めました！　という嬉しい言葉をいただいたこともあります。

数多くのお部屋の中からいかに選ばれる確率を高めることができるか。大家さんが深く考えることの重要性を教えていただいた事案です。

ある程度のボリュームや仕様を固めていき、建築コストを積算してもらいました。同時に近隣の競合物件をリサーチし、各部屋の適正家賃を算出し、最終的に事業計画に落とし込み、金融機関に持ち込む段取りを取りました。

靴をピッカピカにして、いざ金融機関に

金融機関。それまではただ預金をして引き出す、本当にそのようにしか利用していなかった若造でした。私を、私の描く事業計画を信じてください、そして○千万円貸してください。というわけですから、どんな格好していけばいいのか悩みました。

結果、いつものスーツになりました。でも、靴はピッカピカにしっかり手入れしていきました。というのも、ある本で金融機関の人は靴をチェックすると聞いたことがあったからです。後悔はしたくないので、やれることはちゃんとやろうという心境からでした。

ここでも運がよかったのは、母がこの金融機関の支店長と顔見知りだったということです。面識のない見ず知らずの若造が単身で乗り込んでいくより、母経由で事前に話を通して貰っておくだけで、相手と私の両者にとってスムーズに話が進みます。

作成した事業計画書、住民票、源泉徴収票、土地の全部事項証明書、建物平面図、その他準備できる資料はすべて持っていきました。

アポを取っていた時間に伺うと応接室に通され何気ない雑談が始まりました。ちょっと拍子抜けしながらも会話を楽しんでいると段々と本題へと移っていきます。

そうすると、相手の顔つきが変わります。プロの顔つきになるのです。柔和な言葉ではありましたが、的確な質問を投げかけてきます。1つひとつの質問で試されていることを肌で感じました。

私もその質問に全身全霊で応えます。お金を借りられなければこの事業は、絵に描いた餅であり、

今までやってきたことが水の泡になります。

約30分ほどでしょうか、持てる知識、経験、そして、想い、そういうものをすべて吐き出してきました。そして年内中には方向性を決めますとの答えをいただき応接室を後にしました。

お金を借りるというのは並大抵のことではないことを実感しました。それを経験できただけでも収穫があったと思います。

２００６年12月。待望のクリスマスプレゼントが届けられました。土地購入&アパート建築融資の内定の電話がとうとうありました！　あのときの喜びは本当に忘れられないです！

大家さんなれるということもありましたが、一個人として認められたという喜びが大きかったです。

一番の大きな難関を突破したことは、大きな前進となりました。

上棟式を通して賃貸経営を考える

つなぎ融資を実行して土地を購入し、建物建築に着工する段階に入りました。

まずは、土地の神様にご挨拶と工事中の安全を祈願して地鎮祭を執り行いました。

日に日に現場は人と建築資材が溢れ活気を帯びてきました。真っ平らな更地は、早速基礎工事をする段取りがスタートしました。

地縄張りという建物の位置と形状を決める作業を皮切りに、根切り、配筋工事、基礎コンクリート打設と見事なまでの連携で建物を支える一番重要な部分が完成しました。

次に、建物を覆う足場が組まれ、建物をグルっと囲みます。

建物を構成する木材がどんどん運び込まれ、大工さんが一斉に組み上げに入りました。いわゆる「建て方」です。これは本当に圧倒されました。それまでなにもなかった空間にどんどん建物の骨格が姿を現していくのです。あっという間に屋根まで完成し、破魔矢と五色旗が設置されました。感無量です。

なにもなかったところに建物が経ち、そこに人が生活をする。本当にすごいことなんだと感動を覚えずにはいられませんでした。同時に、大家さんとしてそこに住む入居者にとって、快適で安全な住環境を提供しなければならないという使命感も湧いてきました。

最近では、予算削減の観点からもマイホームでさえ上棟式をしない場合が多いと耳にしています。しかし私は敢えて予算をかけてこの物件で上棟式を執り行いました。

賃貸とはいえ人が住む以上、地域との関わり合いは避けては通れません。私自身、もともとこの地域に縁があるわけではありませんでしたから、積極的に地域と関わりをもっていかなければいけないと感じたからです。

また、最初をしっかりしておけば近隣住人の方と揉めることも少なく、むしろ協力的になってくれることも多いと書籍から学んでいたからです。私自身も知っていただき、周りの住人を知れるよいチャンスがこの上棟式だと思います。

家族や仲間、友人を招いての上棟式は一生忘れられない思い出となりました。

賃貸経営は現場が色々教えてくれる

現場はどんどん進んでいきます。早々とユニットバスや窓サッシが定位置に付けられていき、外壁、室内の床貼りが進むにつれ、部屋としての空間がつくりだされていきます。

図面だけでしか想像できなかった空間がそこにあり、実際に見て、触れると、考えが及ばなかったことに気づくことが沢山あります。それを現場サイドと確認し、打合せし、仕様変更してもらう。

1つの例ですが、壁にして閉じてしまう部分を見つけました。ただ、ちょっと手を加えると収納スペースとして利用できる空間でした。

賃貸住宅において、入居者の要望が多い点は、収納スペースです。それのスペースを増やせるのは、この物件の強いアピールポイントになります。早速大工さんに交渉しそのスペースにしていただくように変更依頼を掛けました。

これは現場に行かないと気づけませんし、できないことだと思います。

約4か月間、様々な工期を経て思い描いていた物件は竣工しました。建物は完成しただけでは自分のものにならないのです。建物の所有権保存、融資実行、抵当権設定等様々な手続を経て晴れて無事自分のものとなりました。

これで私も大家さん。3年越しの夢が実現した瞬間でした。

5　大家として、そして不動産業者として

不動産にまったくのズブの素人

２００７年４月。

その日はいつもと違う風景から始まりました。

６年間のサラリーマン生活に終止符を打ち、不動産業界で生きる覚悟を決めた私がいました。

大家さんとして、不動産業者として新たな人生の幕開けです。

もちろん、経験値もありませんし、豊潤な資金があるわけでも、強力なネットワークがあるわけでもありません。できない理由を挙げればいくらでも上げることができます。

こんなとき、父が教えてくれたことを思い出します。

「だからこそ」と。

経験がない。

「だからこそ、いろんな経験をして学び、力をつけるんだ」

お金がない。

「だからこそ、脳みそに汗かいて、考えて、知恵絞って、工夫するんだ」

営業は苦手だ。

「だからこそ、そのスキルを磨くチャンス。結局は人間と人間の関係性だ」

トラブルが多い。

「だからこそ、人が気にしているポイントがわかる。それを業務に活かせる」

よそ者、若者、バカ者。

「だからこそ、不動産業界に新しい風を吹かすことができる」

勝手な使命感とワクワク感を胸に、不動産業界に飛びこみました。

不動産にまったくのズブの素人だった私でも、物件を所有し大家になることができました。

しかしこれは通過点であり、ゴールではありません。

所有した以上、入居者を引き寄せ満室経営を実現し、快適な住環境を提供しながら借り手も貸し手も笑顔になれる関係性を築いていかなければならないと考えます。

次の章からは、その素人大家、素人不動産業者だった私が、どのような考えを持ち、いかに行動して満室を実現していったのかを包み隠さず公開していきます。

特に、どんな大家さんでも再現＝実際にできることにフォーカスして紹介していきます。

中には、知っている内容がある場合があるでしょう。

しかし、それを「やれているか？」「できているか？」と自問して読み進めていただきたいです。

また、参考になる部分がないか、マネできる部分がないか、そのように自分ごととして捉えて頂き、大空室時代を生き残る満室経営の参考になれば幸いです。

第2章　大家さんが知らないとまずい5つの現場

1　まず大家さんがやるべきこと

まったく違う業界でまずやったこと

今までは全国の顧客に商品を販売することを生業としていたサラリーマンが、大家兼不動産業者として、まったくもって違う業種についたわけです。

なにから手を付けるべきか。

なにを優先させるべきなのか。

なににフォーカスすべきなのか。

なにをするにも自信が持てない状況でした。

しかし、よく考えてみると、この「違う業界に飛び込む」という状況はすでに経験していることに気づきました。

２００1年のサラリーマンとして「就職」したときです。

それまでの学業から、まったく違う環境・仕事に就くことはまさに、これと同じ状況だと感じました。

では、あのときなにをしていたか。１か月間の研修で「現場」について叩きこまれました。

会社について、商品について、業務の流れについて、システムオペレーションについて、電話応対について。

あの1か月がなければ、自信を持って仕事に就くことができませんでした。

やることは決まりました。

素人大家&不動産業者として、まず「現場」を知って自信つける。

まずそこからスタートしました。

「現場」を定義する

賃貸経営の現場。まずそこから考えました。

様々な本を読んでいましたので、それらの情報からグループ分けをし、５つの現場というカテゴリに分けることができました。

・業界
・物件
・不動産業者
・集客
・入居者

これら5つの現場についてより深堀りし、自身の賃貸経営において、やるべきことや取り入れたことが良いことを見つけ出すことをしました。

2　第1の現場　賃貸経営を取り巻く業界を知る

第一の現場「業界」を知る

賃貸経営は大きな費用を投資して、長い期間で運用・収益を上げる事業です。

今この瞬間だけでなく、業界がどのような状況なのか、その中で所有物件の立ち位置を事業者として認知していることが重要です。

また、求められている設備やサービスはどのようなものがあるのか、賃貸経営に潜むリスクを事前に把握し予防や回避対策をするのか。

賃貸経営という事業を取り巻く現場情報の多角的な情報収集が必要になります。

まずは業界紙を読む！

そこで私が情報収集で役立てているものをご紹介します。

まずは、株式会社全国賃貸住宅新聞社が発行する、賃貸業界紙の「全国賃貸住宅新聞」です。

http://www.zenchin.com

「ゼンチン」という略称で賃貸業界関係者に愛読されており、毎週月曜日に発行され契約時に登録した住所に配送されます。全国の様々な賃貸経営に関わる情報が掲載されていて、企業の新サー

【図表３　全賃 2014 年度の人気設備ランキング】

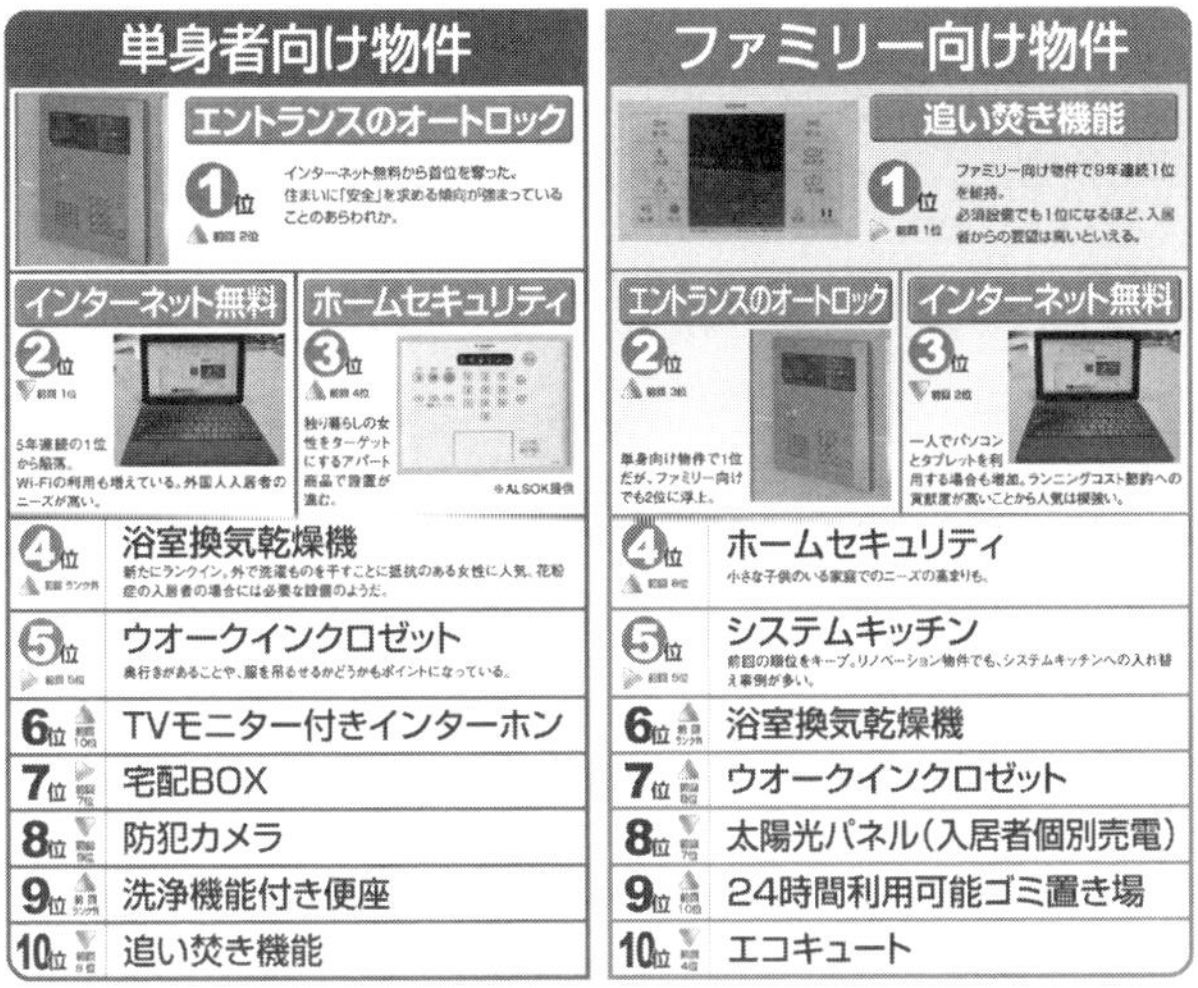

（全国賃貸住宅新聞　2014 年 10 月 6 日号より抜粋）

ビス情報、業界トピックス、セミナー勉強会情報などなど、業界の最新動向を入手できます。

毎年実施され紙面で発表される「賃貸管理戸数」「建築戸数」「仲介件数」ランキングや「入居者に人気の設備」ランキングはニーズの変化を読むのに参考になります。

また、同社が発行している冊子型情報誌「家主と地主」も参考になります。

2か月毎の発行で毎号注目の特集が組まれており、カラーページが多く読みやすく大家さんの活動にフォーカスした記事も多く非常に参考になる雑誌です。

この会社が毎年実施している、不動産オーナーと不動産業界の祭典「賃貸住宅フェア」があります。業界最大規模のイベントで、様々な出展企業によるブースやセミナーが実施されます。特にこのセミナーは無料であり同イベントでも大人気のコーナーとなっています。

東京・大阪など定期開催している場所と、ミニフェアとして地方都市で開催される場合もあり、実は私の地元である鹿児島でも２０１２年9月に開催され、約１０００人の入場者を動員し盛況でした。

その際、私もかごしま喜努愛楽大家の会でブース出展&セミナー講師をさせていただき、多くのオーナーさんと交流、情報交換ができました。

わかりやすい図やグラフから情報収集・分析する

次にご紹介する情報源は、株式会社ネクストが提供する、「見える！　賃貸経営」です。

http://toushi. homes. co. jp/owner
同社は不動産ポータルサイトホームズを運営しており、そこに掲載しているデータを基に、空室率、平均想定利回り、家賃相場等が導き出されています。

都道府県から、市町村へとエリアを絞っていくと、そのエリアの賃貸需給、賃貸入居者の希望間取り、希望家賃、エリアの家賃相場等がグラフでわかりやすく掲載されていて、、素人大家さんでも非常にわかりやすいと思います。

ただし、前述したようにあくまでもホームズ掲載分データになりますので、その点を認識しておく必要があります。

契約当事者の意識から賃貸経営を読み解く

次にご紹介する情報源は、株式会社リクルート住まいカンパニーと21C住環境研究会が共同で調査をし発表している冊子です。

正式名称は「首都圏賃貸住宅市場における入居者ニーズと意識調査」です。

賃貸契約者に契約内容をはじめとし、設備や仕様、住まいに対する意識調査を行い、賃貸経営のヒントになる情報が項目毎に細分化され掲載されています。調査対象が首都圏となっていますが、契約当事者の意識を知ることができる貴重な情報源だと思います。

【図表４　入居者ニーズと意識調査の冊子】

株式会社リクルート住まいカンパニーのサイトでは様々な住まいに関する調査情報が掲載されています。

「賃貸契約者に見る部屋探しの実態調査（首都圏版）」や「賃貸住宅におけるＤＩＹ意向調査」など調査・データ情報がありますので、賃貸経営の情報源として活用してみてください。

http://www.recruit-sumai.co.jp

不動産情報サイト事業者連絡協議会（ＲＳ

C）では、不動産情報サイト利用者意識アンケートを実施し、調査結果をプレスリリースとして発信しています。

不動産情報サイトを利用したユーザーが物件を探す際希望する設備や物件を探す際必要だと思う情報、不動産会社に求めるもの等が掲載されています。

http://www.rsc-web.jp

それ以外にも様々な情報源があります。

まずは一通り業界現場の情報を入手できる媒体を洗い出し、自分に合った情報に素早くリーチできるように日々アンテナを張っておくことを念頭にしておいてください。

また、このような業界の流れを認識されている大家さんは不動産業者にとってもコミュニケーションがとりやすく提案がしやすいといったことを聞きます。賃貸経営を成功させるには、不動産業者の協力が非常に重要ですので、積極的な情報収集をおすすめします。

3　第2の現場　商品である物件を徹底把握

お手伝いしにくい大家さん

賃貸経営は商売です。お部屋という商品を買っていただく（借りていただく）ことをその生業としています。

５万円のお部屋であれば、年間で60万円、２年住んでいただければ１２０万円です。金銭面から見ればちょっとした車を売ることと同じことをしているのです。

その観点からも商売人である大家さんは、ご自分の物件に関して誰よりも徹底的かつ正確に情報を把握し、必要であれば関係者に素早く情報提供ができなければならないと考えます。

もしそれができなければ、目の前のお客様を、不動産業者の信頼を失うことにつながることでしょう。

結果、空室が埋まらず賃貸経営が厳しくなる場合があります。

以前相談に来られた大家さんもその状況に陥っている方でした。

「空室で困っていてねー。何かアドバイスいただけませんか」と。

その方が持ってこられたのは、物件の住所と空室の部屋番号と間取り、募集家賃のみが記載された紙1枚でした。自主管理をされていて、これまでも不動産業者には同様にこれでお願いしているとのことでした。

一度も見たことのない私は、ヒアリングの中で様々な情報収集ができればと早速質問を投げかけます。しかし帰ってくる答えは、「今すぐにはわからない」ということばかり。せめて、こちらの想定する質問はしっかり答えていただき、さらに大家さんしか知り得ない情報提供をしてもらえると、なにかヒントになることをお伝えできたかもしれません。

大家さんがご自身の物件に関してしっかりとした情報を持っていたら、違う結果になっていたと思うと残念でなりません。
不動産業者を回るときは、後述する大家さんが持つべき三種の神器を持っていただくと、こちら側としてもお手伝いしやすいです。

残念な賃貸を持っている大家さんは信用を失くす

物件を徹底把握することは、物件のハード的情報だけを把握すればいいということではありません。物件自体の現場＝つまり現地状況の把握も含まれています。
私自身、不動産業者としてお客様を物件に案内しますが、このような残念な現場に出くわすことがあります。
大家さん、ご自身の物件は大丈夫ですか。
管理会社がしっかりやっている、そう思っている方も多いかもしれません。でも実はこの物件、ちゃんとした管理会社がついている物件です。

【図表５　くたびれたのぼり】

図表５ののぼりは、インターネットが無料で使えます！　という優位性をアピールするのぼりでしたが、ボロボロに破れ、逆にマイナスアピールになってしまって

います。

この物件を見に来た方はきっとこう思うことでしょう。「この物件は管理体制が良くないな」と。

図表６は、長期間空室で水回りの封水が蒸発し、そこから虫が大量発生して部屋中に散乱していました。

また、下水管からの匂いも充満しており、もし、知らずに案内していたら不動産業者として信頼を失いかねないお部屋でした。

【図表６　虫の大量発生したトイレ】

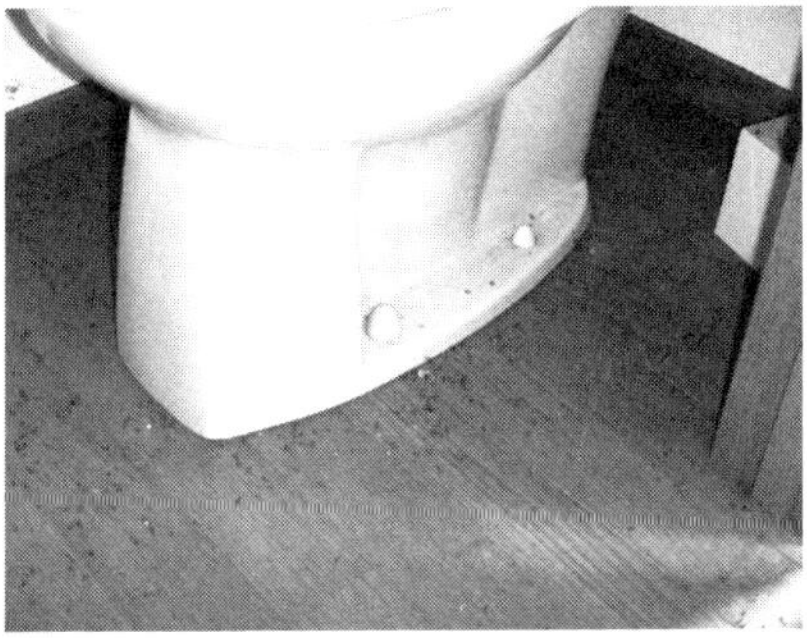

物件は商品です。

商品である以上、いつ誰が来ても良い状態を保っておく必要があります。

この２つの事例からわかるように、残念な物件は入居希望者や不動産業者の信用を失うことに繋がります。先ほどのお手伝いしにくい大家さん同様、空室が埋まらず賃貸経営が厳しくなる場合があります。

物件力は１日にして成らず

信用を勝ち取るために大家さんができること。それはまず、現地に大家さんが直接行くことです。

現地に赴き、見て、触れて、匂って、聞いて、身体全身を使って現場を感じていただくことが重要です。

先ほどの水回りの封水が蒸発した事例で言えば、匂いは写真では伝わりません。現地に行くことで初めてわかります。まずお部屋に入ったときに不快なにおいがすると、いくら綺麗になっていても悪いイメージが付きまといます。そして、ライバル物件に負けてしまい選ばれないという流れができあがってしまいます。私はもったいないと思います。

現地に行くだけで本当に様々な情報が手に入ります。あとは、優先順位を決めて、改善していくのです。その積み重ねが大家さんの自信になり、物件力を高める近道だと考えます。

物件力は1日にして成らず。

素人大家さんでもすぐにできることです。

ぜひご自身の賃貸経営の成功のためにやってみてください。

4　第3の現場　不動産業者の現場でなにが起こっているかを知る

片思いを両想いにするには

賃貸経営を成功させるには、不動産業者との信頼関係が重要です。では、大家さんが、不動産業者と信頼関係を構築するにはまずどうしたらいいでしょうか。

ちょっと変な言い回しですが、不動産業者を片思いの相手と思うと答えが出てくると思います。もっと仲良くなりたい、本音でしゃべりたい、好きになってほしい。

そう思う相手がいるとしたら読者の方はどのようなことを考えるでしょう。私でしたら、まず相手のことをもっと知りたいと思います。

不動産業者がどのような状況で仕事をしているのか、どういった思いで仕事をしているのか、そういったことを知ることができれば、相互理解が図りやすくなります。

その情報を基に、不動産業者がされて嬉しいこと、かゆいところに手が届くことをしてあげることができれば、相手も好意を抱き良好な信頼関係が築きやすいです。

ご自身の賃貸経営の成功のために、不動産業者の現場を是非知ることをおすすめします。

大家さんが知っておくべき不動産業者の現場　物件流通

大家さんに知っておいていただきたい不動産業者の現場、つまり内情をご紹介します。

まず、物件流通の現場です。

不動産業界において、商品である物件情報はシェアされています。情報の流通経路は、レインズと呼ばれる不動産流通機構、アットホームをはじめとするポータルサイト、雑誌、業者間ＦＡＸ等があります。その情報が関係当事者間で流通しています。

物件を所有する大家さん、その物件を管理する管理会社（元付とも呼ばれます）、入居希望者を

【図表７　写真がつぶれた物件紹介のＦＡＸ】

連れてくる仲介業者（客付とも呼ばれます）、そして入居希望者と、水が上流から下流に流れていくような感じです。

その情報量は大量です。物件チラシ（マイソク）、リスト化された物件一覧表等、毎日たくさんの空室情報が、様々な形で不動産業者の事務所に流れてきます。

しかし大多数の不動産業者では、すべての情報に目を通し実際の空室の状況確認ができるほど、時間的・人的余裕はほとんどないという現状があります。

そして、流通する情報が不完全であったり、足りていない場合も多くあります。不動産業者間の情報流通は未だに紙主体の物が多いです。

図表7は、物件情報をＦＡＸで受信した写真です。もともとはカラーでつくられた物件資料ですが、ＦＡＸを通して流通させるとこのように写真は潰れて見づらくなります。伝えたい情報は伝わらず、逆に読み手のストレスとなってしまっています。

大量の情報に埋もれてしまって、また相手に対する配慮不足が原因で空室を伝えるチャンスが失われているという事実があります。

このことから、不動産業者への情報流通の質を高めることは、空室認識率アップと好印象を持ってもらい1件でも多くの内見を増やすことに繋がります。

大家さんが知っておくべき不動産業者の現場　時間と戦っている

不動産業者の方は非常に忙しいということを知っていてください。

前述した空室情報収集・整理、現地に赴いての現場調査・撮影、間取り図作成、マイソク作成、空室の情報発信、入居希望者との打合せや内見、賃貸借契約の締結、大家さんへの報告・送金関連、クレーム対応、リフォーム相談・見積もり、水道検針、物件見回り・清掃等など。個人であれ組織であれ、多岐に渡る仕事内容と作業量が不動産業者にのしかかり、常に時間と戦いながら仕事をしています。

この事実をあなたはどう受け止めるでしょうか。

「それは彼らの仕事だから当たり前だ」でしょうか。

それとも「そんなに激務であれば、大家として何の協力ができるだろうか？」でしょうか。

これからの大空室時代は不動産業者も経験したことのない未知の世界です。今までは不動産業者がすることが当たり前と思われていたことを、大家さんも協力して行動・実践していく時代に突入していると思います。

もしあなたが不動産業者ともっと仲良くなり、信頼関係を築き、空室を優先的に埋めてほしいと思う大家さんであるならば、彼らのためになにができるか、なにが業務軽減につながるかを考えていただきたいです。

大家さんが知っておくべき不動産業者の現場　与えられた情報の中で奮闘している

不動産業者は情報を駆使し広報活動をしている、いわば不動産の広告代理店的側面を持っています。

前職の広告担当のときは、広告代理店の方々と仕事をしていました。売り出したい商品があると、彼らに商品情報をはじめ、それに関するすべての情報を提供しました。それを基に彼らは広告をつくっていきます。もし、私たちが彼らに情報を与えなかったらどうなるでしょう。仕事にならない、または良い仕事ができません。

これは大家さんと不動産業者との関係でも同じことです。大家さんが気づいていること、大家さんだから知っていること、そういう情報を不動産業者に提供していただきたいです。

沢山の情報は武器になります。

不動産業者に良い仕事をしていただくために大家さんからの積極的な情報提供を是非やってみてください。

5　第4の現場　集客の現場をチェックする

集客の媒体を知る

入居者を引き寄せ満室にする。そのため避けては通れないのが入居希望者の「集客」です。その現場ではなにが起こっているのかを把握しておくのは大家さんにとって非常に重要です。

集客媒体としては、不動産会社で手に入る物件チラシ、空室情報雑誌、フリーペーパー、現地看板、インターネット情報といったものがメインになります。

特にインターネット情報は、よりたくさんの画像や情報を掲載でき、鮮度の高い情報として入居希望者によく利用されている媒体です。

また、最近ではスマートフォンの普及に伴い、いつでもどこでも情報収集、問合せ、内見予約ができるとあり、その利用割合はどんどん増加傾向にあります。

これからの大家さんは、ネットを最大限に利用し、集客を成功させることが必須になるのではないでしょうか。

より効率よく集客し、まず内見して頂くために、入居者希望者がお部屋を探すときなにをするのか、どこを見るのか、といったことを認識し、求めている情報をしっかり提供することです。

また大家さんとしてもどういう人に入って欲しいかをしっかり考える必要もあります。

紙媒体での集客

物件チラシ、情報誌、フリーペーパー等、紙媒体は昔から身近にある情報収集ツールです。不動産業者の事務所の入口に貼られていたり、配布物として準備されています。手に取ってじっくり確認や書き込みができるなどの利点もありますが、詳細な情報量が少ないといった欠点もあります。また、雑誌などは印刷時期と発売時期に時間差が生じてしまい情報が古い場合もあります。

不動産業者は現地に行き、写真を撮り、感じたことをメモしてきます。そしてそれを紙面に表現するわけですが、紙面に限りがありすべての情報を載せることができません。

大家さんとして出来上がった紙面に掲載されている文章、写真をしっかりと目を通し、ターゲット考える入居希望者が読んで問合せしたい、内見してみたいと思って貰えるかの目線でチェックしてください。

また、作成する不動産業者や大家さんは物件のことを熟知していますが、読み手はその物件のことを全然知らない方です。限られた紙面ですが、どれだけ初めての人に寄り添った情報提供ができているかも重要です。

それをテストするのは簡単です。あなたの友人や知人でその物件を一度も見たことがない方に見てもらって、感想を聞けばいいのです。それをまた紙面に反映させていき、精度の高い資料を作成していけばいいでしょう。

現地看板での集客

地味ながらもいい仕事をしてくれるのがこの現地看板での集客です。現地看板がいいのは、すでにその物件を外部から確認した上で連絡をくれている場合が多い点です。

現地看板集客で気を付けておきたい点は、電話対応です。

現地から電話連絡をしてくる場合が多いため、単なる入居者募集という情報掲示だけだと、物件を特定するのに時間がかかってしまいます。

不案内な土地でお部屋を探している場合、現地がどこかもわからない、近くの目印的な建物もわからないといった場合があります。折角の問合せを電話応対の不手際で取り逃がすのはもったいないです。現地看板集客においては、物件名や住所、管理コード等を記載しておくことで電話問合せの初動対応がしやすく、好印象を持っていただき内見の導線を掴みとるチャンスです。

また、満室のときにもこの現地看板は役に立ちます。私が管理している物件では、物件名や住所に加えて、物件ＨＰやブログに誘導するＱＲコードを掲載しています。こうしておけば空室時・満室時にかかわらず気になった方がいれば、物件情報にアクセスしてもらい物件の特徴や雰囲気を知っていただける導線づくりをしています。

また、空室になったときに連絡を入れることができる登録フォームも用意していて、チャンスを逃さないような仕掛けも準備しています。現地看板を24時間３６５日の敏腕営業マンに育てるのも大家さんの腕の見せどころだと思います。

インターネット集客

入居希望者がインターネットを使って情報収集をする際に利用が多いのが、不動産情報のポータルサイトです。代表的なものとして、スーモ、ホームズ、アットホーム、ヤフー不動産等です。エリア、賃料、設備等で絞り込んで、お目当ての部屋を探します。

まずこのポータルサイトにご自身の空室が掲載されることが空室対策の第一歩と考えてください。もし、残念ながら掲載されていなければ、不動産業者に依頼をかけて掲載してもらいましょう。

ただし、掲載するかしないかの判断は不動産業者に委ねられます。

ポータルサイトは不動産業者が掲載できる枠を購入する掲載課金プランや、問合せがあったときに課金される問合せ課金プランがあり、不動産業者が広告費を払っています。彼らは目利きによって掲載するかしないかを決めます。

また、前述したように不動産業者と良好な関係を築いておくことで、枠を確保してもらえる場合もありますので日頃からの関係性は重要です。

問題なく掲載されていたら、それをしっかり確認してください。賃料を始めとする契約条件等に記載間違いはないか、設備で掲載漏れはないか、写真がしっかり掲載されているか、物件のキャッチコピーやコメントが入っているか、入っていればわかりづらい表現ではないか、隅々まで確認をしてみてください。

実際にこの作業をしてミスを見つけた事例があります。

それは、間取りのカテゴリが間違っていました。

2DK物件が1R物件のカテゴリで登録、公開されていました。ターゲットとする入居希望者はファミリー層です。その層が1Rという単身層のカテゴリで部屋探しをするはずがありません。いくら待っても反響がない、結果いつまでも空室が続きます。すぐに、掲載している不動産業者に連絡し訂正をしてもらいました。

この作業は不動産業者のミスの粗探しではありません。ミスがあればそれを訂正し、エンドユーザーに正確な情報をお届けし、1日も早く内見や入居申し込みをいただくための準備作業です。掲載してくれている不動産業者と二人三脚で臨む必要があります。不動産業者もミスすることはあります。

「折角ポータルサイトに載っているというのに、なんでこの間取りが違うんだ。お客を逃がしてしまうじゃないか。すぐに訂正してくれ」

「いつも忙しいのに、私の物件をポータルサイトに掲載してくれてありがとう。集客にすごく助かるよ。ただ、惜しいのがこの間取りの間違いです。お客様に正確に伝えたいから訂正してもらっていいかな」

どうでしょうか。結果は同じことを要求していますが、印象が全然違います。空室対策はこのひと部屋だけではなく、物件を所有している限り続きます。

ミスを責め立てるのではなく、感謝を伝えながら、アドバイスとして伝えると相手の成長と満室経営に繋がります。

このように、それぞれの集客媒体の現場を見ていきましたが、共通して言えることは、常に相手思考に立てているかということです。集客ができなければ満室経営につながりません。

ぜひ、ご紹介した事項をご自身の賃貸経営の参考にしてください。

6　第5の現場　既存入居者の現場を見つめ直す

退去抑止も立派な空室対策

先ほどは、集客という新規客の獲得の現場でした。空室対策はなにも新規客に限ったことだけではありません。すでに入居してくださっている既存客が退去しないことも立派な空室対策です。

彼らが退去しなければ空室は生まれないからです。そういう意味では最高の空室対策は、入居したら一生住んでもらうことになるでしょう。

とは言え、いろいろな事情が絡み合いますのでそうはいきません。入居者さんに対するサービス精神の欠如による退去は大家さんの怠慢といえるでしょう。

そうならないように1日でも長く、気持ちよく住んでいただくように日々努力を積み重ねることが満室経営につながる重要な要素だと思います。この退去抑止のことを業界用語では、テナントリテンションと言います。

満室経営の敵、沈黙の声の正体とは

１日でも長く住んでもらうためにはどうしたらよいでしょうか。その答えを持っているのは、大家さんでも不動産業者でもありません。そう入居者さんです。

彼らの不満や不安、障害がなんであるかを知り、それを取り除くことが重要です。

ここで大家さんがしっかりと認識しなければならないことがあります。入居者さんはよほどの緊急的なことや許容量を超えなければ、じっと我慢して溜めこんでいることが往々にしてあります。この沈黙の声が曲者です。クレームなどと違って表面に出てこないため大家さんは気づかないのです。

ただし、表面化していないだけでずっと不満が充満していき、契約更新時や解約違約金時期がなくなったタイミングで連絡をしてくるのです、「退去します」と。

彼らの声は待っているだけでは届きません。

大家さんから働きかけ、彼らの声を自然と引き出す環境をつくりだす必要があるのです。なにも難しいことではなく、いつも皆さんがされていることと少しの工夫をすればいいだけのことです。

それは挨拶と笑顔という人間関係の基本的なことと、皆さんは大切なお客様ですということを様々なタイミングでお伝えすることです。

そうすることで、良質なコミュニケーションが取れる間柄になり、自然と彼らの声を引き出すことができるようになるでしょう。

大家さんの笑顔って最強ですね

「大家さんっていつも元気ですよね！　それにその笑顔って最強だと思います。いつも気にかけてくれてありがとうございます！　あ、そう言えば部屋でちょっと気になっていることがあるんですよ」

物件を清掃に行った際に、部屋から出てきた入居者さんに言われた言葉です。

まさかそんなこと嬉しいことを言われるなんて思ってもいませんでした。日頃から元気にはっきりと入居者さんに挨拶をしたことがきっかけで、困っていることを引き出すことができました。

この経験をするまで物件清掃はコスト削減のための自己作業という位置づけでしかありませんでした。

自分のすることが、どこかのだれかの役に立っている、喜んでもらえる。それが実感できたことで、作業としての位置づけだった物件清掃が全く違う位置づけになりました。

もし仏頂面で黙々と作業をしていたら、入居者の方はたぶん声を掛けてこなかったでしょう。こういうことを経験して改めて挨拶と笑顔の持つチカラの凄さを感じました。

どうやって沈黙の声を引き出すか

このように、大家さんが現地清掃に行くタイミングは物件をキレイにできますし、また入居者さんとコミュニケーションが取れ、沈黙の声を引き出せる、一石二鳥、いや三鳥の効果が期待できます。

しかし、入居者さんが、ただの清掃員と大家さんと見分けがつかない場合もあります。そのときの工夫として、作業時は大家さんとわかるＴシャツやジャンパーを羽織って作業するといいでしょう。またクルマのダッシュボードに「大家による清掃・巡回中、なにかあったらお気軽にお声かけください」という紙面を準備しておくのも効果的です。

それをさらに進化させて、先ほどの文言をマグネットでクルマの車体に引っ付けて作業すると、かなり目立ちます。ただし、作業が終わって帰るときは忘れずに車体から剥がさないとちょっと恥ずかしいこととなりますのでご注意を。

現地清掃以外で、入居者さんとコミュニケーションを取り合うタイミングはほかにもありますのでご紹介します。

まず入居直後です。なぜこのときかというと部屋の内見時には気づかず入居してから気になりだしたことや設備を使ってみてわかること等が発覚する時期だからです。そういったときに、入居お礼も兼ねて手紙を出してみたり、電話連絡をして入居者の不満や不安を聞き出すのです。

このように大家さんから歩み寄りすることで、頼りになる、この物件に入居して正解だったと好印象を持っていただけます。

その他のタイミングとしては、年賀状や暑中見舞い時期や誕生日のお祝いといった特別な日や、入居して１００日や1年、１０００日といったキリの良い日数を経過したとき等も連絡がとりやすいタイミングです。

沈黙の声を引き出すにはこのように接触頻度を高くし、笑顔や挨拶を交わすことで良好な人間関係を築き、コミュニケーションを図りやすくすることが重要です。

貴方は私にとって大切なお客様です！　ということをしっかりアピールし、困ったときに頼りになる大家さんと印象を持っていただき、退去抑止＝テナントリテンションに繋げていきましょう。

この章で学んだこと

大家さんが知らないとまずい5つの現場として、「業界」「物件」「不動産業者」「集客」「入居者」の5つのカテゴリを解説してきました。これらは、私自身が賃貸経営をするうえで気を付けているポイントや経験を通して知り得たことです。

大家さんの所有している物件のボリュームや遠隔地物件、仕事の都合等で取り入れられないこともあることでしょう。しかし、それぞれの現場で事件は起きています。

大家さんとして、それぞれの現場が持つ問題点や課題をしっかりと認識し、自分自身の賃貸経営に取り入れることができるのはなにかを考えていただき、できることはすぐにでも実践することが重要です。私は、良いと思ったことはすぐマネして取り入れます。成功するか失敗するかわかりませんが、まずは自分でやってみてそこからなにかを学ぼうという姿勢で臨んでいます。

この章で学んだことを是非自身の賃貸経営に置き換えて、やるべきことや取り入れたことが良いことを見つけ出してみてください。

第3章　賃貸経営に効く経営資源を洗い出す

1　経営資源を知り、確率を高める

賃貸経営に絶対はない

「これをすれば絶対入居者が決まりますか？」

この質問に対して私が答えるのは、「絶対に入るという確証はありません。でも、選ばれる確率は間違いなく上がると思います」ということです。

部屋探しのほとんどは、様々な物件を内見し比較検討されて、その方の希望する条件に合ったものが選ばれます。

需給バランスが崩れた大空室時代においては、その選ばれる「確率」を高めることが重要と考えます。

消費者ニーズ意識調査を参考にしたり、賃貸を取り巻く現場を認識したり、すべては内見や成約の確率を上げるために必要なことです。

実践して思う結果が出ない場合もありますが、どうやればもっとそれらの確率を上げ入居者を引き寄せることができるかを考え挑戦することが重要ではないでしょうか。

大家さん、賃貸経営に絶対はありません。

問合せの、内見の、契約の確率を上げられるよう今こそ、努力をするときです。

【図表８　４つの経営資源を知る】

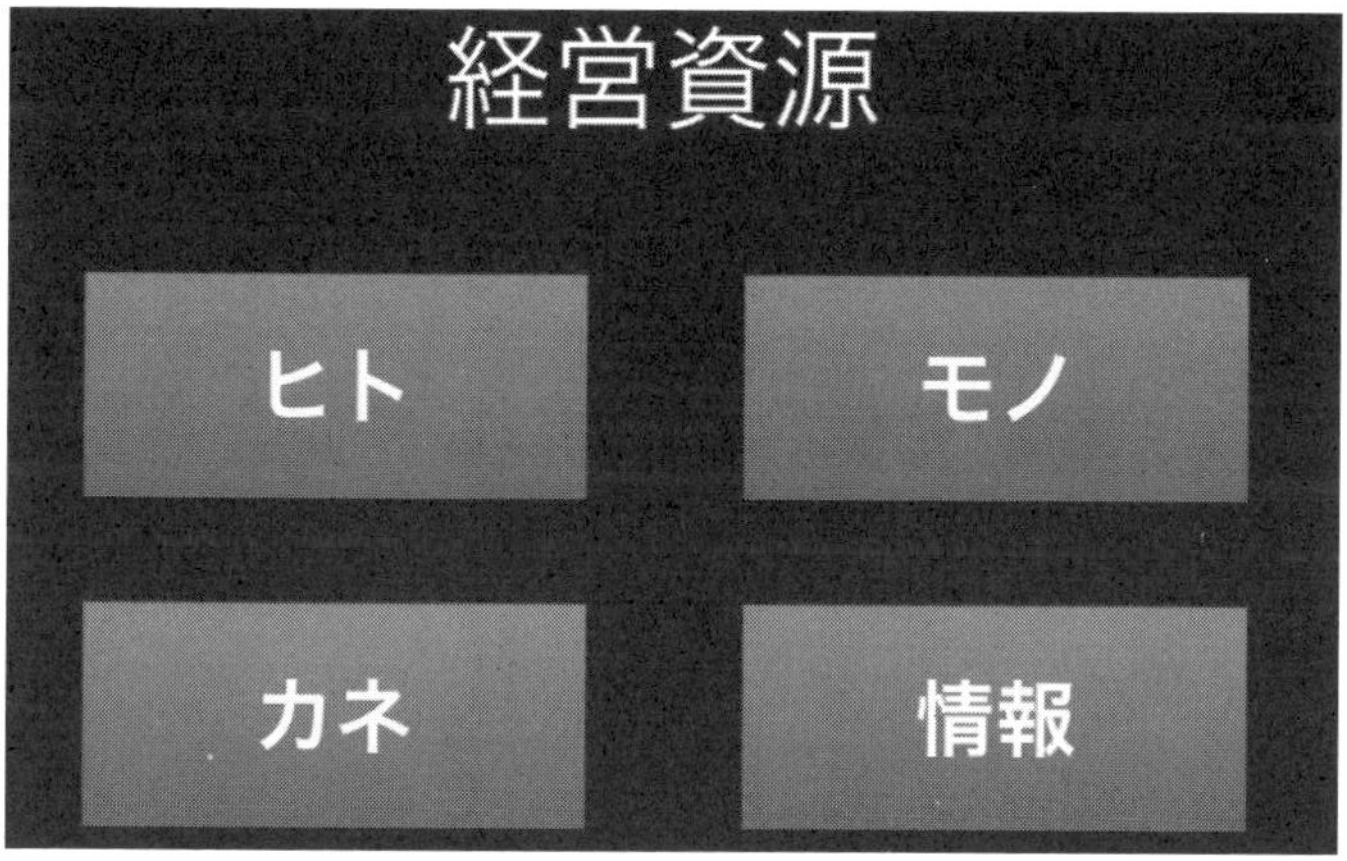

賃貸経営と経営資源

人口が減っていくマーケットで、それぞれの大家さんが様々な経営資源をつかって賃貸経営という事業を継続させるべく日々活動をしています。

では、改めて賃貸経営と経営資源について考えてみましょう。

経営資源。

みなさん、この言葉を聞いてどう感じるでしょうか。「いやいやうちは零細大家だから関係ないよ」と思われる方もいらっしゃるかもしれませんが、それを上手に利用できれば、様々な「確率」を上げることができます。

経営資源は「ヒト、モノ、カネ、情報」の４つに分けられます。

有り余る資金があり、ハイスペックな設備・機能を備えた物件で、有能な客付営業マンを雇用して満室経営を実践している。ほとんどの方はそんなウルトラ大家さんではないでしょうし、もちろん私自身も違います。しかし、どの大家さんも「情報」は持っています。

経営資源である「情報の洗い出しと有効活用」を考えることは、コストもそうかからず費用対効果が高い経営戦略であり、「確率」を上げるために役立ちます。

経営資源の1つである「情報」を活用し、入居者を引き寄せる「確率」を高めていきましょう。

2 誰でもできる！ 経営資源「情報」を引き出す方法

どんどんアウトプットできる方法がある

「経営資源の情報を上手く使おうという理屈はわかったけど、どうやって見つければいいのかわからない。難しいことはできないよ」

まさしく私も同じ状態で、この現状分析などの情報のアウトプット（洗い出し）は本当に大の苦手でした。ある勉強会に参加したときは、配られたSWOT分析シートにほんの少し情報を書けただけで、あとは制限時間までシートを眺めていたぐらい苦手でした。

ビジネスを加速させるために情報をアウトプットしないといけないのに逆に全然出せず、落ち込んでしまった経験があり、ますます苦手意識が大きくなりました。

そんな私ですが、今では苦手意識がなくなり、スムーズに情報のアウトプットができるようになりました。それは、全国で活躍されている中小企業診断士の日野眞明先生の経営革新塾に参加したのがきっかけです。

そのときに経営資源である情報のアウトプット方法をレクチャーしていただきました。手軽さと誰にでもできる再現性が高い方法です。このときは自身のビジネス立案でのアウトプットでしたが、賃貸経営にフォーカスして洗い出すことができると考え、設計変更をしました。

そうやってできたのが、アクティブブレインアウトプット for チンタイ、略してABAT（アバット）です。

先ほどのSWOT分析を例に取って言えば、強みや弱み、機会、脅威といったことだけをアウトプットするようになっていて、それ以外は書いてはいけないように感じてしまい、これが強みなのか弱みなのか、判断がつかず結果シートに記入できないという悪いループに陥ってしまいます。

このABATは、質問のチカラを利用して、まずアナタの頭に入っているすべての情報をアウトプットします。そこから必要な情報を整理し、選択するという2ステップの方法で完結させます。新しいアイデアを出すブレインストーミングに似た手法だともいえますが、この質問に対して思いついたことをすべて出すというのがABATのポイントになります。

ABATの具体的やり方をレクチャー

ABATの良いところは、簡単、手軽、コストがかからないことです。では、早速ABATに必要な物とやり方をご紹介します。

必要な物
・付箋（25ミリ×75ミリ）　黄色と桃色　それぞれ２００枚
・ボールペン
・A４用紙（20枚程）
・タイマー

ステップ①　付箋でのやり方

★黄色の付箋でのやり方
タイマーを20分にセットしてスタートします。付箋（黄色）に「自分自身」に関することを書き出します。付箋1枚につき1つの項目です。できるだけ具体的に書いてください。単語でも文章でもかまいません。

自身の持っているスキルや資格、ネットワーク、過去経験した嬉しかったこと、悲しかったこと、困っていること、これから取り組みたいこと、出身校や出身地、行ったことがある場所、好きな食べ物や嫌いな食べ物、趣味や特技、とにかく自分自身に関すると思うことは、迷わずにどんどん付箋に書き入れてください。

1枚でも多くの自分自身に関することを書き出すこと、これだけにフォーカスしてください。

いいですか、1枚でも多くです。

鉛筆でなくボールペンなのは、消す時間がもったいないからです。書き損じはすぐ捨てて次の新しい付箋に書き込んでください。

★桃色の付箋でのやり方

タイマーを20分にセットしてスタートします。付箋（桃色）に「所有物件」に関する事を書き出します。黄色の付箋と同じでやり方でとにかく所有物件に関すると思うことは、迷わずにどんどん付箋に書き入れてください。

物件名、所在地やそのエリアの情報、交通状況、物件の設備、入居者属性、リフォームの有無、過去のクレーム、これから所有物件をどう運営していきたいか、所有物件で気になっている点、関わっている不動産業者や関係会社、ライバル物件。

1枚でも多くの所有物件に関することを書き出すこと、これだけにフォーカスしてください。単純ですがこのワークの効果を最大限にするには、手をとめないで、なんでもどんどん書き出すことです。

書き出したものは誰もチェックしたり採点したりする類のものではありません。あくまでも、アナタの頭の中にある経営資源を1つでも多く引き出すことです。

経営資源である情報が付箋に書き込まれますので、その枚数がとても重要です。

ＡＢＡＴを大家仲間に実践してもらう

このＡＢＡＴを大家仲間に実践してもらいました。

黄色の付箋の最高は、１６７枚、桃色の付箋の最高は、１４０枚。

黄色の付箋の最低は、74枚、桃色の最低は、51枚。

このように人によって付箋枚数の違いがでます。これには２つの理由があります。

１つ目は、書き出して良いのか迷っている場合です。

何度も書きましたが、迷う必要はありませんので、どんどん書き出してください。迷いや思い込みで書かなかった情報が実は現状を打破できる貴重な情報かもしれません。

２つ目は、そもそもの情報量がインプットされていないことによるものです。

知らないものは書けません。自分自身のことが少ない人は、友人や知人に客観的に自分のことを教えてもらったり、過去書いた日記や手帳を見直す等するとよいでしょう。

所有物件の枚数が少ない方は、現地に行ってみる、マイソクや既存入居者の契約書を見返してみる、物件のあるエリアを丹念に調べてみるなどして、情報収集をされることをおすすめします。

ステップ②　整理整頓

ＡＢＡＴのワークで自分自身や所有物件の関する情報は洗い出されました。

ただし、ランダムに洗い出された状態です。これをベスト20選んで1枚の用紙に集約させます。

全体の数が少なければベスト10でも構いません。この作業によって、自身の考える良い面や強い面、自慢できるポイントを導き出していきます。

洗い出されたそれらが最もアピールできることであり、自分の、所有物件の強みに他なりません。

このワークは一度したら終わりではありません。半年に1回、1年に1回など定期的に実施することをおすすめします。情報のインプットの大切さを知った皆さんなら、わずか短期間でも様々な情報を手に入れていることでしょう。大家さんとして進化しているのです。

それを定期的にアウトプットして自分の持っている経営資源の棚卸を実施し、大家名刺やマイソク、その他広報物にどんどん反映させていけるのです。

この上昇スパイラルを引き起こし、賃貸経営の安定化への第一歩を踏み出しましょう。

3　他にもある経営資源を掘り出す方法

答えは自分が持っている

入居者を引き寄せる「確率」を上げるために利用できる経営資源を掘り出すには、他にも方法があります。賃貸経営は、その特殊性から入居者に関する様々な情報が収集しやすい事業だと思います。名前や住所といった基本情報以外に、本籍や年収などの機微情報や同居人、連絡保証人など一般の商取引においてなかなか収集できない情報も取得できるのです。

もちろんその知り得た情報は守秘義務がありますし、悪用や漏洩しないようにしなければなりませんが、同時に重要な財産でもあります。この財産をデータ分析し法令順守をしながら適正に利用する、つまり既存入居者の分析から入居者を引き寄せる確率を高める戦略を練ろうというのです。それらの情報源は、もうすでに大家さんが持っています。「入居申込書」「解約通知書」「入居者の対応履歴」です。

入居申込書データを利用する

空室に悩む大家さんから相談を受ける場合があります。仮に空室率30%だったとしましょう。そのとき大家さんに必ず聞く質問があります。

「残りの70%の方は、どのような方が入居していらっしゃいますか?」と。

この質問をするようになったのは不動産業者として内見立会をするとき、内見者から質問されたある一言です。

「隣や上下と行った入居者さんってどんな方ですか」

物件のことはマイソクで、現地では建物全体から周辺環境までわかります。ただし、その質問の情報はそれらからは絶対に読み解けません。興味本位でなく住むことをリアルに考え出したからこそ、周辺住人のことが気になり始めたのです。個人情報ですので話せる範囲でよいと思いますが、知らぬ存ぜぬの回答より安心すると思います。

【図表９　入居申込書の例】

入居申込書　（個人）

物件	名称				入居予定日	20　年　月　日	
	所在地						
	部屋番号	号室	間取		面積	㎡	
月額賃料	共益費	駐車場	水道料	その他①	その他②	合計	

申込人	フリガナ 氏名			男・女	生年月日	
					連絡先	
	現住所					
	勤務先	名称			勤続年数	
		住所				
		連絡先			年収	
		業種			部署	
	○転居理由　複数選択可					
	結婚　手狭になった　転勤　転職　家賃が高い　通勤時間 建替え　環境　就職　入学　気分 その他					
	○物件選択理由　複数選択可					
	賃料　立地　環境　設備　初期費用　間取　眺望 その他					

同居人	名前		年齢		続柄		連絡先	
	名前		年齢		続柄		連絡先	
	名前		年齢		続柄		連絡先	
	名前		年齢		続柄		連絡先	

□緊急連絡先 □連帯保証人	フリガナ 氏名			男・女	生年月日	
					連絡先	
	現住所			借主との関係		
	勤務先	名称			勤続年数	
		住所				
		連絡先			年収	
		業種			部署	

仲介会社	社名		担当者	
	住所			
	連絡先	電話　FAX		
保証会社	利用しない　利用する	社名		

上記の個人情報に関する事項及び申込み内容記載事項を確認し、承諾の上、本物件の入居申込をします。

２０　年　月　日

氏名　　　　　　　　　　　　㊞

入居志望動機や物件選択理由など個人を特定できない情報であれば物件の優位性を伝えられやすいです。そして、その話で問題がないと判断すれば最終候補に残る可能性が高くなるでしょう。

このような貴重な情報提供は成約に大きく影響するので不動産業者にとても喜ばれます。既存入居者のデータを持っている大家さんだからこそ、この入居者属性調査ができ有効活用ができるのです。ただし、個人情報という非常にデリケートな情報ですので、法令順守と取り扱いには十分にご注意ください。

入居申込書の参考例を掲載しておきます。ご自身のものと比較して取り入れたほうがいい項目があれば参考にしてください。

解約通知書から読み解く

サラリーマン時代、顧客が商品の継続購入中止を申し入れしてきたとき、その理由を聞きだせる範囲で教えてもらいました。

別の商品への切り替えなのか、経済的理由なのか、それとも顧客サービスの低下による顧客離れなのか、その「なぜ購入をやめるのか」を徹底調査、分析をするためです。

この分析を基に、次なる販売戦略を展開していくのです。

解約通知書の情報は、まさに次の入居者探しにつながる情報源になります。ここで欲しい情報は、解約する理由です。

【図表 10　解約通知書の例】

建物賃貸借契約　解約通知書

下記物件について、下記解約日をもって建物賃貸借契約の解約をしたくここにご通知致します。

尚、明け渡しに際しては公共料金等を精算し家財一切を搬出し、鍵等の貸与品を全て返却致します。

物件名		号室	
所在地			
解約日	20　年　月　日		
明渡日	20　年　月　日　午前・午後　：　予定 ※荷物が無い状態で退去立会を実施する日付になります ※鍵の返却もこの日になります		
退去理由	手狭になった　転職のため　退職のため　家賃が高いため 契約満了のため　自宅購入のため　結婚のため 交通の便が不自由なため　設備が揃っていないため 帰郷のため　環境が良くないため その他不満があるため		

【敷金返還の振込先】

	銀行	支店	普通・当座
口座名義人		（フリガナ）	

【転居先】

住　所	
連絡先	

20　年　月　日

賃借人　氏名＿＿＿＿＿＿＿＿＿＿＿＿＿㊞
住所＿＿＿＿＿＿＿＿＿＿＿＿＿＿＿
連絡先＿＿＿＿＿＿＿＿＿＿＿＿＿＿

不動産業者によって解約通知書の記載事項はそれぞれですが、この解約理由を求めていない書面をみることがあります。とてももったいないです。記入式にすると空欄の場合もありますので、解約理由の選択式にして補足備考欄や通信欄を設けておくとよいでしょう。

ただし、解約通知書に書かれる解約理由が真の解約理由ではない場合もあります。そのときは退去立会時を上手く利用してください。入居者の顔を見て会話ができる、本音を引き出す最後のチャンスです。

その答えを手に入れ、賃貸経営の質を改善し、入居者を引き寄せる「確率」を高めるのです。

「なぜ退去をするのか」

苦労して入居者を確保しても、出口である退去がその数を上回れば慢性的な空室に悩まされます。少しでも出口を小さくできるよう情報収集をしていきましょう。

対応履歴をすべて把握する

対応履歴は、入居者とのやりとりを記録したものです。要望、クレーム、問合せ、相談等多岐に渡ります。このちょっとした情報に、経営改善のためのヒントが隠されていることがあります。

クレームは氷山の一角です。不満や不備があったときにそれを言ってくる方は、10%ほどで、残り90%はそのまま我慢し最終的には離れていくといわれています。

大家さんは、対応履歴を経営資源という認識し、入居者の窓口である管理会社と連携して対応履歴の内容をしっかりと把握しましょう。

内容によっては、すぐ改善できるところや中長期計画となる場合もあるでしょうが、こういった声を基に改善する努力を惜しまないでいただきたいです。

内見者の声や数もしっかり把握する

先ほどの対応履歴同様に重要視していただきたいのが、内見者に関することです。お部屋を実際に見た彼らの意見を収集し、成約につながるヒントがないかを探るのです。中には、耳の痛い内容もあるかもしれませんが、そこは課題としてしっかり受け止めてください。また、内見者の人数も把握しましょう。内見者が５人以下であれば宣伝広告が上手くいっていない場合が考えられます。５人以上いて成約につながらない場合は、物件そのものに問題がある可能性がありますので、改善する必要も考えましょう。

ＡＢＡＴで出た情報を逆の発想で使う

先ほどのＡＢＡＴワークでは様々な情報をアウトプットしました。そして強みや特徴として、ベスト20を選んでマイソクや大家名刺に使う方法をご紹介しました。

今度は逆に、ワースト20を選びましょう。弱みだと思っているところ、気になっているけど手がつけられていないところ等です。

なぜ、わざわざ自分の物件の強みでなく「弱み」をアウトプットするのでしょうか。

それは、あなた自身は弱みと思っていても、第三者からすると強みや良い点だと感じる人がいるからです。その情報を、どのように捉えるかで価値が変わってくるのです。

1つの例でいえば、アンティーク家具を歴史を感じさせる素敵な家具と思うか、古びたボロボロの家具と思うかの違いです。

アウトプットした情報は嘘偽りでなく事実ですので、それを独自の目線で価値を見つけ出し表現するのです。このときも役に立つのがまた質問のチカラです。今回使う質問は、「だからこそ」です。

1Fなんです。

だからこそ、足腰に自信がないシニアの方にも、子育て世代にも安心して長く住んでいただけます。

トイレが和式なのです。

だからこそ、自然と下半身引き締めや足腰鍛錬ができ健康維持に期待できます。

交通の便が不便なのです。

だからこそ、安い家賃であり、外出等による浪費が減り、結果お金が貯まります。

なるほど、そういう考え方があるな！　と読み手に感じさせることができれば、それぞれが強みや特徴に変化します。見る角度を変えることで、その事実に新しい価値を見出し経営資源として有効活用する。ぜひご自身や所有物件の新しい価値を創造してみてください。

第4章　これからの大家の新常識！　空室対策はまず不動産業者を味方につける

1　大家さんとしてサバイバルする

ある日は突然やってきた

素人大家で未経験の世界でしたが、体当たりで学びながら満室経営ができていました。

毎月安定した家賃収入を手に入れ、通帳を見ながらニヤニヤしていました。リターンがあればリスクがあるということをすっかり忘れて。

新築してから3年が過ぎ、繁忙期を迎えようとしていた２０１１（平成23）年1月、1部屋の退去通知をもらいました。

「急な転勤が決まってしまって」。

新築当初から入居いただいていた方でしたが、転勤というこちらのサービス不足による退去ではありませんでしたので、長期入居のお礼と退去立会の日取りを決め、次の募集準備に取り掛かっていました。

この日を境に、一気に奈落の底に落とされます。

「もっと広い部屋が見つかって」「職を変えて実家に帰ることになりました」様々な理由による退去通知がどんどん舞い込んできました。

なんとその数、8世帯中5世帯。入居率１００％が一気に37・５％に急落です。それどころかローン返済が家賃収入を上回り、赤字補填をしなければならない状況になります。

早急に入居者を見つけて危機的状況を脱出しなければなりません。

満室がいつまでも続くと平和ボケしていた私にスイッチが入った瞬間でした。

サラリーマン時代の経験が生きる

なにがなんでも空室を埋めなければならない。

そのためにも、第1章の「すべては世の中に知らしめることから始まる」の項目に書いたように、空室を広く知ってもらうことがスタートです。

そのため、広報活動＝プロモーションの強化にフォーカスすることにしました。

1人でも多くの方に、空室の存在を知ってもらう。

そして1件でも多くの内見をしてもらい、1日でも早い入居申し込み、契約を取り付けることができるよう、大家としてやれることをすべてやると覚悟を決めました。

5世帯もの空室を短期間で埋めるには、私個人のチカラだけでは限界があります。

そこで、チカラを貸していただくのが不動産業者の方々です。大家さんが知っておくべき不動産業者の現場の物件流通の項で書いた通り、物件情報はシェアされています。

彼らのネットワークと客付力を駆使してもらうことができれば、内見数増加と入居申し込み獲得の道筋が見えてくることでしょう。

ただし、大量の空室情報に埋もれず、彼らが優先的に入居者に紹介してもらうように、大家さんとして様々な準備と創意工夫をすることが絶対に必要です。

そのために彼らのチカラを借りるために役立った、大家さんの三種の神器をご紹介していきます。

2 「デキる大家さん」の三種の神器もっているか

「デキる大家さん」の三種の神器とは

「デキる大家さん」の三種の神器ってなに?! そう思われる方が多いことでしょう。今回紹介する三種の神器は、大家さんとして、不動産業者のチカラを借りやすくするための基本的な3つのことです。

①マイソク（物件チラシ）
②名刺
③マインド

すべてに「M」が付くので、略して3Mと呼んでいます。余談ですが、私の地元鹿児島では、焼酎の3Mと呼ばれるものがあります。「森伊蔵」「魔王」「村尾」の3つのMからスタートする焼酎です。

脱線してしまいましたが、これからの大家さんは、最低限この2つのアイテムと心構えを持ち合わせることが必須だと考えます。なにを今更と思われる方もいらっしゃるかもしれません。

しかし、「知っていること」と、「実際にやれているか、できているか」はとても大きな差があります。

これからそれぞれの神器について詳しく説明していきますので、是非読み進めていただければと思います。

3　三種の神器①　マイソク（物件チラシ）

マイソクに関する衝撃の事実

あるセミナーを開催した際、会場にいる大家さんにこのような実験をしたことがあります。

「今、この時点で空室がある方、挙手をお願いします」約7割の方が、手を挙げてくださいました。

「では、その空室物件のマイソク（物件チラシ）を持っている方」

一気に減りました、２割程度です。

「では、今この会場に持ってきている方」

結果、なんと、ゼロです。たまたまだったかもしれませんが、衝撃の事実が判明しました。

持っていない理由を聞いてみると、マイソクは不動産業者が持っているからそれで大丈夫だという方が大多数を占めていました。

中には、マイソク自体を見たことがないという強者もいらっしゃいました。

私はサラリーマン時代、常にバッグには自社商品のパンフレットが入っていて、すぐに商品説明ができるように準備は整えていました。ビジネスチャンスは、いつも突然だと思っていたからです。

また、先ほどの結果からわかるように、大家さんがマイソクを持って自ら広報活動をしている方は本当に少数派ということがわかりました。

つまり、ライバルが少なく効果が出やすいです。

この大空室時代だからこそ、商品であるお部屋のマイソクを事業主である大家さん自身が持ち、空室を知ってもらうチャンスを逃さないようにすべきだと強く感じます。

マイソクをすすめる理由　その①

商品であるお部屋を広報する媒体は色々ありますが、中でも一番お手軽で重宝できるのが、このマイソクです。なぜですか？　と質問されると、私は「手軽に持ち運びができる」、「差し上げることができる」「自分でつくれる」この3つの理由をあげます。

マイソクのサイズはA4、B4、B5サイズで、1枚に1物件もしくは多物件掲載されている場合があります。10枚ほどであれば、かさばることもなく手軽に持ち運びができるので、バッグに常に準備しておくことができます。

気になった方にはすぐに紙面を使って紹介ができます。そして、そのまま資料として差し上げることができます。

この差し上げることができる点はかなり重要だと思います。最近では、タブレット端末やスマホに物件写真を入れて物件紹介をする方も増えてきています。確かにたくさんのデータをお伝えできる素晴らしいアイテムだとは思います。

しかし、そのデータの入っているタブレット端末やスマホは差し上げることはできません。データを相手に送信で対応すればよい、と思われるかもしれませんが、相手がデジタルに不慣れな方、もしくは全然対応できない方でしたらどうでしょう。

また、その方々の周りにいる友人・知人の方々が部屋探しをしている場合もあるでしょう。そのときに、手渡しできるマイソクがあるかないかで結果は違ってくることがあると思います。

こういった観点から持ち運びしやすく差し上げることができるマイソクは万能な広報媒体だと感じています。

マイソクをすすめる理由　その②

先ほどの結果でマイソクを持っていると答え方はほとんどが、不動産業者が作成したマイソクを持っていました。

サラリーマン時代、商品の広報物作成を担当していて、依頼者である私たちとつくり手である広告代理店やクリエイターの想いの違いから、意図していない全然違う内容やキャッチコピーの広報物が出てくる経験をしたことがありました。

もちろん、やり直しです。何度も何度もやり取りや校正をかけて、一番顧客に伝えたい広報物として仕上げていきます。このことは、マイソクに関しても同じことが起こる可能性があるいうことを認識していただきたいです。

不動産業者現場でお伝えしたように彼らは非常に多忙です。少人数であればあるほど仕事の効率化が図られ、結果として画一的なマイソクに仕上げられてしまいます。

不動産は1つとして同じものがありませんが、その特徴や個性が広報活動の大切な媒体であるマイソクに反映されないものはもったいないです。

だからこそ、「マイソクを自分でつくる」ことをおすすめします。

自作することで従来のフォーマットでなく、デザイン性や伝えたいことにフォーカスしたレイアウトを組むこともできます。

定番のキャッチコピーではなく、物件や周辺エリアのことを誰よりも一番知っている大家さんだから伝えられることを掲載することで、魅力的なマイソクに仕上げることができます。

マイソクを自作してみる　掲載する基本情報

マイソクの大切さや自作することのメリットはご理解いただけたと思いますので、ぜひこれを機会に、大家さん自身でつくってみることを提案します。

大家さん自身がつくるためには必要なものは、次の5つになります。

【図表 11　物件詳細項目一覧】

物件種目	交通	間取りタイプ
賃料	礼金	敷金/保証金
物件所在地	構造/規模	所在階
部屋番号	使用部分面積（㎡）	築年数
管理費等	入居時期	保険関連
取引態様	手数料配分	その他項目
広告主の名称・所在地・連絡先等		

物件詳細情報、写真、間取り図、キャッチコピー、地図

これらの項目を準備し、レイアウトし体裁を整えればマイソクの完成です。

それではそれぞれの項目を準備するのに必要なことや注意していただきたい点をご紹介していきます。

マイソクを自作してみる　掲載する物件詳細情報の内訳を知る

まず、次に列挙する項目を記載するようにしてください。

物件種目、交通、間取りタイプ、賃料、礼金、敷金／保証金、物件所在地、構造・規模、所在階、部屋番号、使用部分面積、築年月、管理費等、入居時期、保険、取引態様、手数料配分、広告主の名称・事務所所在地・連絡先（不動産会社を載せる際は、免許番号や所属団体も明記）。

これらは最低限記載していただきたい項目です。

それ以外にも、その他諸費用、駐車場、契約条件、保証人代行、付帯設備等、物件ごとの必要事項等があれば個別に明記すると良いでしょう。

【図表12　DK,LDKの表記基準】

居室数（寝室含む）	DK	LDK
1部屋	4.5帖	8帖
2部屋以上	6帖	10帖

新築表記は、完成後1年未満で未使用の場合のみ表記可能です。

交通に関する表記は、最寄駅等からの徒歩所要時間になります。

道路距離80mを1分と換算します。1分未満は端数を切り上げます。

400mであれば5分、もし、20m長く420mであれば、6分の表記になりますのでご注意ください。

また間取りで悩むのがDKやLDK表記です。

明確なルールはありませんが、不動産公正取引協議会の見解では、部屋の居室数に応じて表記できる目安を設けています。

DKを表示する際は、居室（寝室）数が1部屋では4・5帖以上、2部屋以上あれば6帖以上です。

LDKを表示する際は、居室（寝室）数が1部屋では8帖以上、2部屋以上あれば10帖以上となっていますので参考にされるといいでしょう。

マイソクを自作してみる　掲載する写真を攻略する

写真・間取り図は、もちろん取引する物件のものを使用します。写真から伝えられることは非常に多くあります。写真選別には凄くこだわっていただきたいです。そのためにも、まずは対象物件の写真を一枚でも多く撮影してください。

私が物件の写真を撮影する際、必ず撮影するポイントをご紹介します。

まず外部に関しては、外観全体、エントランス、共用部分設備（エレベーター、集合ポスト、宅配ボックス、掲示板、防犯カメラ、オートロック等）自転車置き場、敷地駐車場、避難階段、共用廊下部分、敷地内ゴミステーション、その他特徴的、個性的な部分があれば追加して撮影します。

外観全体は、正面、斜め、周辺を回って様々な角度から撮影します。また外観撮影は天気や時間帯に左右されます。青々とした空をバックに凛とした雰囲気が出る場合、周りが暗くなり建物から発せられる温かい光がとても良い雰囲気を醸し出す場合など、物件によっても見せる顔が違うことを覚えておいてください。

次に、内部に移ります。各居室、風呂、トイレ、キッチン、収納、洗面所、バルコニー、窓やバルコニーから見える風景、専用設備を中心に撮影します。

居室は部屋の四隅ギリギリまで下がり、少しでも広く見えるように撮影します。その際気を付けているのが撮影するときの「高さ」と「角度」と「傾き」です。

まず高さは、天井と床の高さ半分くらいから撮影するとバランスが良く撮影できます。中腰になったり、片膝をついて調整します。そして、1枚の写真にできるだけ多くの情報が写るように身体の位置を変えながら角度を調整します。最後にシャッターを押す前に、傾いていないかチェックします。

傾きを確認するのはとても簡単です。カメラ機能にあるグリッドラインを表示させ、タテのラインを部屋の隅に合わせると良いでしょう。色々チェックするポイントがありますが、何度か撮影していると自然にできるようになりますのでご安心ください。

私が紹介したポイントを最低1枚撮影するだけでも、20〜30枚ほどあるでしょうから、実際はもっとあるはずです。

あとは撮影した写真を選びます。このとき、気を付けていただきたいのが自分本位で写真を選んではいけないこと。なんのために苦労して撮影したのかを思い出してください。

まだ部屋を一切見たことのない方に向けて広報するための写真です。

そういった方が現地を確認したいと思っていただける写真を選ぶ必要があります。

アットホームが2013年に実施したアンケート結果によると、居室、風呂、トイレ、キッチン、収納が上位に入っています。

これからわかるように、水回りを気にかけている方が多いというのがわかります。そうやって考抜いて選んだ写真をそのまま使うのもいいですが、もうひと手間かけることをおすすめします。

部屋を一度も見たことのない、友人や知人に選んだ写真を見てもらってアドバイスをもらうのです。二度手間を省くためであれば、写真を選ぶとき作業にも参加してもらうのもいいでしょう。

限られた紙面だからこそ写真が持つチカラを利用し、マイソクの効果を最大限化する事は非常に重要です。

マイソクを自作してみる　間取り図を考える

部屋全体を掴むには、間取り図に敵うものはありません。

部屋のボリュームや形状はもちろんですが、生活導線のイメージや家具家電の配置を考える上で欠かせません。

前述した、不動産情報サイト事業者連絡協議会が実施しているアンケートでは、不動産情報サイトで物件を探す際必要と思う情報の第1位は、間取り図という結果が出ています。そんな大切な間取り図ですから、写真同様にしっかりとこだわり、準備をしていくことをおすすめします。

間取り図で大切なのは、現況をしっかりと反映させることです。

現地で採寸や、部屋の配置図、窓、建具、設備を把握し作成します。狭い部屋やドア建具の幅や高さはしっかり採寸しておくべきです。

基本は内見をしてから契約ですが、事情があって現地確認をしないで契約をした場合等、持っている家電家具が入らずトラブルに発展してしまう可能性があるからです。

寸法データ取りが完了したら作成にはいります。インターネットで「間取り図　作成　ソフト」

と入力すると、有料や無料の様々なソフトが見つかります。有料のものは無料体験版も用意されている場合が多いので、画面構成や操作性等を確認し、購入するか否かを判断すると良いでしょう。ちなみに、私はライラックシステムさんから発売されている、「間取りっど」という作成ソフトを使用しています。

操作の慣れが必要ですが、難しい作業ではありません。作成する際は、基本的にカラーでつくるのが良いでしょう。ソフトの機能によってモノクロ表示にもできるからです。

その他にも自動的に寸法線を入れる機能が備わっている場合もありますので表示の有り無しで使い分けるのがいいでしょう。

そうやって作成した間取り図ですが、そのまま使う以外にもちょっと手を加えることで、より一層特徴を伝えられるツールとして進化させることができます。

それは、間取り図の周りに撮影した写真を配置したり、設備の説明文を入れるハイブリッド間取り図です（図表13）。情報が近くにあることで、一目で情報が入ってきますし理解度が高まります。

まだあまり目にしませんが、３Ｄ間取り図では幅と奥行きだけでなく高さも表現できるなど、平面図だけでは伝えきれなかった情報を伝える事ができるなど、まだまだ間取り図関連はやれることが沢山あるように感じます。

ほかの大家さんがやっていないことを実践し、一歩先ゆく大家さんになってみるのはいかがでしょう。

【図表 13　ハイブリッド間取り図の例】

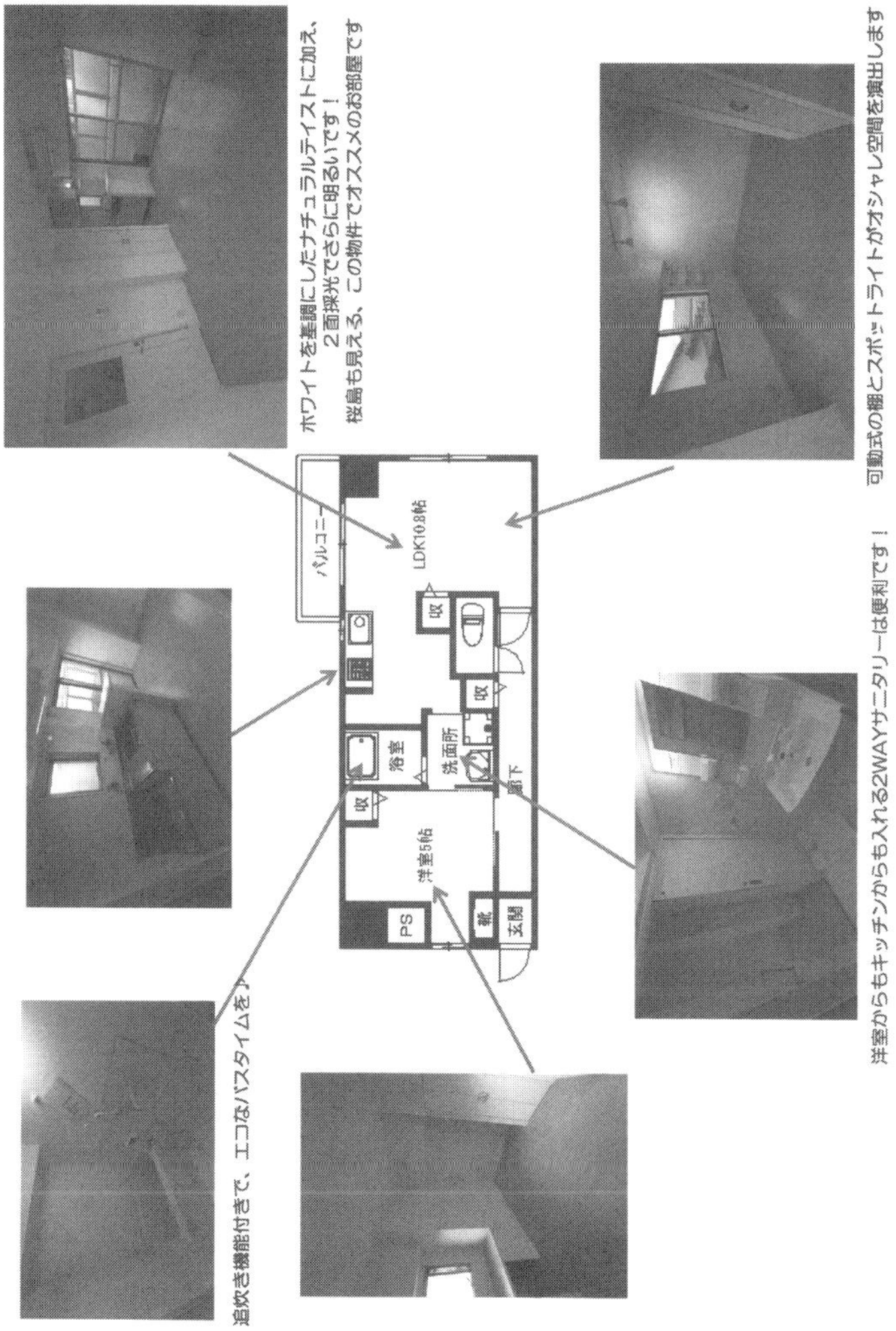

マイソクを自作してみる　キャッチコピーで思いを伝える

物件詳細情報、写真、間取り図と見ていき、これだけでもマイソクとしては機能すると思います。これらだけでは伝えきれない情報を、キャッチコピーや文章を挿入し、より完成度を高めることが、入居者を引き寄せるマイソクへと進化できる秘訣です。

先ほどのＡＢＡＴで洗い出した桃色の所有物件の情報はこのマイソクで利用することができます。しかし、洗い出した情報がありきたりなものである場合が多く、実際私もそうでした。

それらの情報を基にキャッチコピーをつくるポイントを教えてもらうことで、以前よりスムーズにできるようになりました。

その基本的なポイントは、読み手に生活イメージを想像させる、借りて欲しい顧客ターゲットを絞ることです。

「住環境が良いです」というキャッチコピーを見ることが多いですが、これは作り手の主観性的情報です。読み手として、それはアナタが勝手にそう感じているだけでしょと捉えられる場合があります。これを回避するためには、具体的な情報を提供し客観性を高め、確かに住環境が良いと読み手自身に判断してもらうことが大切です。

具体例を入れて、キャッチコピーをつくると次のようになります。

「スーパーやブックストア、カフェなどがある複合施設まで徒歩５分。桜をはじめとした四季折々の彩りを感じられる緑に囲まれた住環境です」

読み手が自発的に、良い住環境だなと感じていただけるキャッチコピーに仕上げることができます。

マイソク等の広告宣伝物をつくるときに、陥りやすいミスがあります。すべてを伝えたいとするあまり、あれもこれもと詰め込みすぎて、なにが特徴で強みなのかがボヤけて効果が出ません。この状況を回避するためにサラリーマン時代に教わった名言があります。

「キャッチコピーはラブレターだ」と。

ラブレターを書く場合、いろんな人に対して書くのではありません。ある特定の方に対して書くことでしょう。その人の共感を呼び、好感を持ってもらう。そして目的を達成する。

誰に、なにを伝えたいのかターゲットを絞り込むことで、ありきたりなキャッチコピーから脱却できます。

絞り方なんてしたことないし、やり方がわからないという方も大丈夫です。すごく簡単で効果的な方法があります。

ずばり「質問」することです。

「その部屋を借りて欲しいのは男性ですか、女性ですか？」

「学生ですか、社会人ですか」

「いくつぐらいの方に入って欲しいですか？」

「この部屋に入居するメリットはなんですか？」

このように質問を自分自身に投げかけることで、脳が答えを探し出してくれます。

友人である沖縄大家の会を主宰している下地潤栄さんから他にもこんな質問をするといいですよとアイデアをいただきたことがありますので、併せてご紹介します。

その質問は、「だからなに?」です。

エアコンがついてます。だからなに?

和室6帖です。だからなに?

みなさんならどう答えますか。

私の考える解答例はこうです。

「このエアコンは、このお部屋より広い8畳用としても十分利用できる高性能であり、省エネ対応機種で月々の電気代を抑えることができます」

「座って良し、ゴロ寝してなお良し。いぐさの香りに包まれる和のくつろぎ空間。心地良い眠りはこの部屋から」ーいかがでしょう。

質問によってより深堀され、それを求めているターゲットに届くキャッチコピーへと進化します。

マイソクを自作する　地図を極める

物件の所在を示すのに地図はとても有効です。土地に不案内な方や近隣の情報も一緒に紹介できるからです。不動産業者はゼンリン住宅地図をよく利用していますが、大家さん個人で買おうとするとかなりお値段がはります。

グーグルマップやヤフー地図等で代用ができますが、やはり詳細情報ではゼンリンに軍配が上がります。

そこでご紹介したいのが、ゼンリン住宅地図プリントサービスです。全国主要のコンビニで日本全国の住宅地図から必要なエリアの地図情報を取得できるサービスです。Ａ３サイズ、１５００分の１相当の縮尺の地図がプリントアウトされます。

http://zenrin.co.jp/product/service/j-print.html

場所によっては、詳細な地図より、大まかな地図のほうが物件を紹介しやすい場合は、地図を自作するのが良い場合があります。

その際は、ワードやエクセルなどのパソコンソフトを使って、主要な道路と物件の位置関係や目印となる物をしっかり表示し作成するとわかりやすいでしょう。

ここでもやはり気を付けて欲しいのが、その地図は初めて見る方にとってどれくらい理解しやすいかということです。自分自身がわかればいい、こだわりが伝わればいい、そんな自己中心的な情報にならないようしっかり意識してください。

マイソクを自作する　レイアウト～仕上げ

大家さん自身がマイソクをつくるためには必要なもの、物件詳細情報、写真、間取り図、キャッ

【図表14　athomeマイソク基本レイアウト】

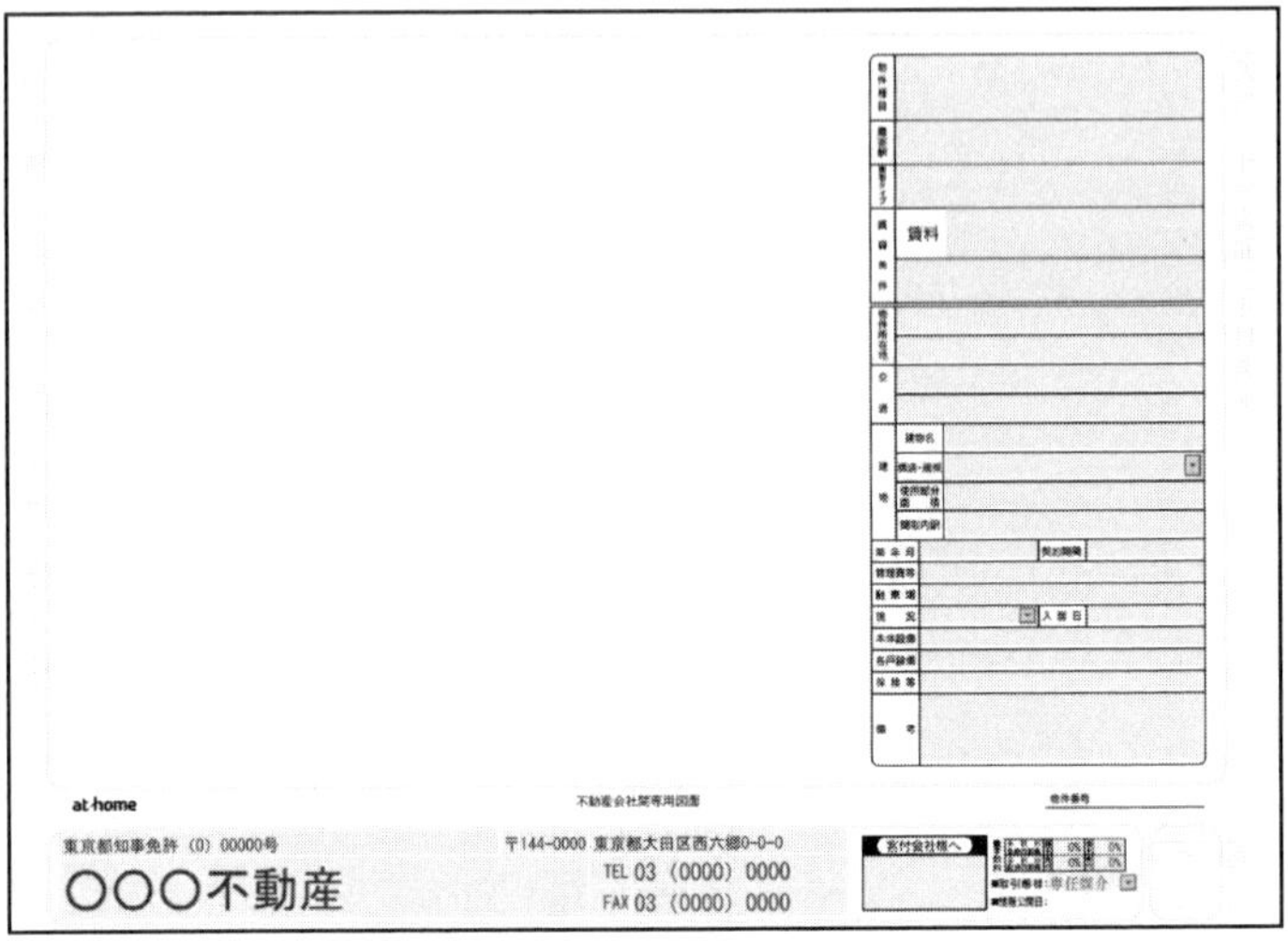

チコピー、地図が揃いました。

あとは、それらをレイアウト、仕上げをする段階です。

ワード、エクセル、パワーポイント、イラストレーター等やマイソク作成ソフトで仕上げる方法や、用紙に切り貼りたり手書きで記入して仕上げる方法があります。

パソコンでつくると、なんといってもキレイに作成でき、また雛形を準備していれば内容を入れかえれば他の物件情報にも転用できるメリットがあります。一方手づくりの場合は、パソコンが使えなくてもつくることができ、手づくりならではの味がでるマイソクが出来上がることでしょう。

「マイソク　サンプル」と検索すると、インターネット上で様々なレイアウトのサンプルが見れます。どのようなレイアウトがあるのかを色々参考にして目を肥やしていくのがよいでしょう。

そして、ご自身でいいなと思うレイアウトの下書きをし、配置を決め作成していきます。

特段気に入ったレイアウトがないのであればおすすめするレイアウトがあります。それは、右側に物件詳細情報、下段に取扱者が掲載できるレイアウトです（図表14）。これはアットホームを介して不動産業者が情報をやり取りするときの基本的なレイアウトです。

不動産業者によっては、この情報の見方に慣れていて違うレイアウトが来ると、必要情報を探すのに時間が掛かりストレスに感じてしまう場合もあるからです。

逆に言えば、違うレイアウトだからこそその他情報に埋もれず覚えていただくというメリットもあるかもしれません。

ここは不動産業者ごとでの判断になります。作成したマイソクをもって、不動産業者に直接意見を求めるのが一番早いです。

彼らの意見を聞いてストレスのない情報提供ができるよう配慮することによって、自作したマイソクの効果が最大化されることでしょう。

マイソクにもコンプライアンスを

大前提としてマイソクも広告物という認識を持っていただき、掲載内容について虚偽や誇大、優良誤認などの不当なものであってはありません。その点をしっかり遵守していただき、適正な広告による集客や顧客獲得に繋げてください。

もっと詳しく知りたいという方は、不動産の表示に関する公正競争規約が掲載されている、こちらのHPも参考にされてみてください。

不動産公正取引協議会連合会

http://rftc.jp

4　三種の神器②　名刺

名刺の既成概念が変わった瞬間

「名刺は開封率100%のDMです!」

あるセミナーの講師の方がおっしゃられた言葉です。以前の職場で、顧客にDM(ダイレクトメール)を発送していましたが、100%なんて絶対ありませんでしたから衝撃が走りました。

名刺を使うシーンは名刺交換の場です。お互い名刺を確認しながら自己紹介をし合う、いわば自分広報活動です。

ほぼ、マンツーマンですのでしっかりと伝えたいことができるまたとないチャンスです。名刺はまさに、広報活動=プロモーションにとって必須アイテムなのです。

この点から、名刺は「デキる大家さん」の三種の神器の2つ目になりました。

マイソクでは物件を知ってもらい、大家名刺で大家さん自身を知ってもらう。

その２つのアイテムを上手に活用し、不動産業者に覚えてもらい、優先的な紹介や客付をしていただくのです。では、早速、名刺について深堀をしていきましょう。

大家さん、今こそ大家名刺を持とう！

先ほどのマイソク所有率ほどの低さではありませんが、大家名刺の所有率は１００％ではありません。

本業との兼ね合い等で持っていない方や本業のものを代用して使っている方もいらっしゃるでしょう。

しかし、可能な限り、大家名刺は持ったほうが良いというのが私の見解です。

「この名刺の大家さん、どの物件のオーナーさんだっけ？」

「うーん、どんな大家さんだったか全然覚えてない」

賃貸経営という長期にわたる事業を営む上で、覚えてもらうことは外部の協力をもらう際に必要不可欠です。

名刺は、今ではパソコンでサクっと自作できますが、プロに頼んで渾身の１枚に仕上げるのもよいでしょう。

まだライバルが名刺の凄さに気づいていない今だからこそ大家さん自身をブランディングできる

ツールとしても、大家名刺を持ちましょう！

大家名刺の基本

大家の会の懇親会などで名刺交換をさせていただいたときに、もったいないと思う名刺と出会うことがあります。

名前、住所、連絡先、あとは、真っ白余白。

せっかくの開封率１００％であっても、これだけの情報だけではよほどの自己紹介の達人か、誰でも知っている有名人でもなければ覚えてもらうのは難しいでしょう。

今回の大家名刺は単なる連絡ツールとしてではなく、広報活動に役立てるのが目的です。

名刺を見た方が、大家さんと所有物件をしっかり連動して思い出してもらえること。もう1つは大家さん自身のことをより深く理解してもらうことです。

では、なにを大家名刺に載せておくといいのでしょうか。

名前、住所、連絡先は最低限の基本情報です。

それ以外に、ご自身の写真やイラスト、自己紹介プロフィール、肩書、所有物件情報、大家を目指した理由、大家として嬉しかったことや悲しかったこと、大家としてどんな住環境を提供しているのか、そして今後提供していきたいのか、自分の物件に入居するとどんなメリットがあるのか等の情報です。

それと併せてＡＢＡＴで洗い出した黄色の付箋の情報が大家名刺に当てはまる情報になります。これ以外にもご自身で掲載できる情報があれば、ぜひ取り入れて世界に１つだけの大家名刺に仕上げてください。

限りある紙面をがっつり使う

ただし、名刺もマイソクと同様、紙面であり掲載できる情報に限りがあります。それに加えマイソクと比べると面積がとても小さく、情報量が少なくなる欠点があります。

しかし、名刺はなにも表だけではありません。裏もその情報掲載場所としてしっかり有効利用できます。

そうすることで、２倍の情報量が掲載できるようになります。

掲載する情報を絞り込むことができれば、この名刺表裏で十分対応できるでしょう。どうしても情報量がオーバーしてしまう。そんな大家さんにご紹介したいのが、２つ折りタイプの名刺です。

４面に情報が掲載できる大容量で、物件を詳しく紹介できたり、物件周辺地図なども載せることも可能になるでしょう。

折り方目が長辺と短辺となる２タイプがありますので、ご自身のお好みで選ぶと良いでしょう。どちらも自作用の専用紙が市販されています。

想いが伝わる！　入居者を引き寄せる大家名刺

ここで私が代表を務めているかごしま喜努愛楽大家の会の会員である鈴木香代子さんから許可をいただき、彼女の大家名刺をご紹介します。

初めて鈴木さんにお会いしたとき、彼女は大家名刺を持っていませんでした。

【図表15　鈴木さんの名刺】

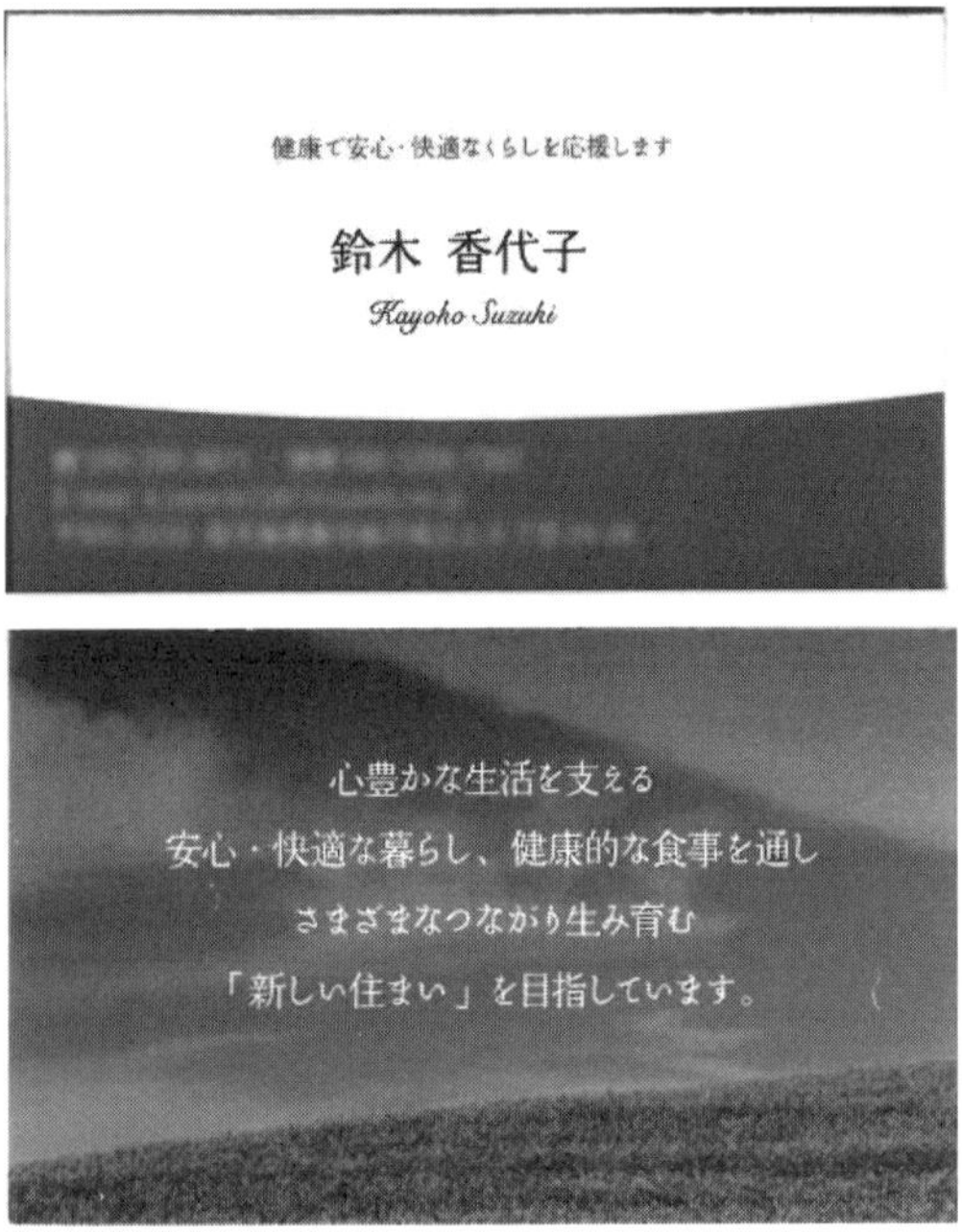
健康で安心・快適なくらしを応援します
鈴木 香代子
Kayoho Suzuki
心豊かな生活を支える
安心・快適な暮らし、健康的な食事を通し
さまざまなつながり生み育む
「新しい住まい」を目指しています。

会話をしていくと、なんのために大家さんになったのか、賃貸経営を通してなにを実現したいか等、彼女の想いやストーリーがどんどん出てきました。

その思いを絶対に大家名刺に反映させ、1人でも多くの協力者を呼び寄せるべきだと感じました。

そしてできたのがこの大家名刺です。

鈴木さんの大家さんとしての気持ちが伝わってきますし、応援したくなる、自然とそんな気持ちにさせてくれる素敵な名刺だと思います。

また、彼女は紙面だけでは伝えきれない情報をＨＰに誘導するよう、ＱＲコードや検索ワードまで掲載しています。

読んだ方にどう行動してほしいかという、マーケティングの手法まで取り入れて作成するなど、大家名刺を広報活動にしっかり連動させている点も秀逸だと感じました。

【図表 16　２つ折タイプの鈴木さんの名刺】

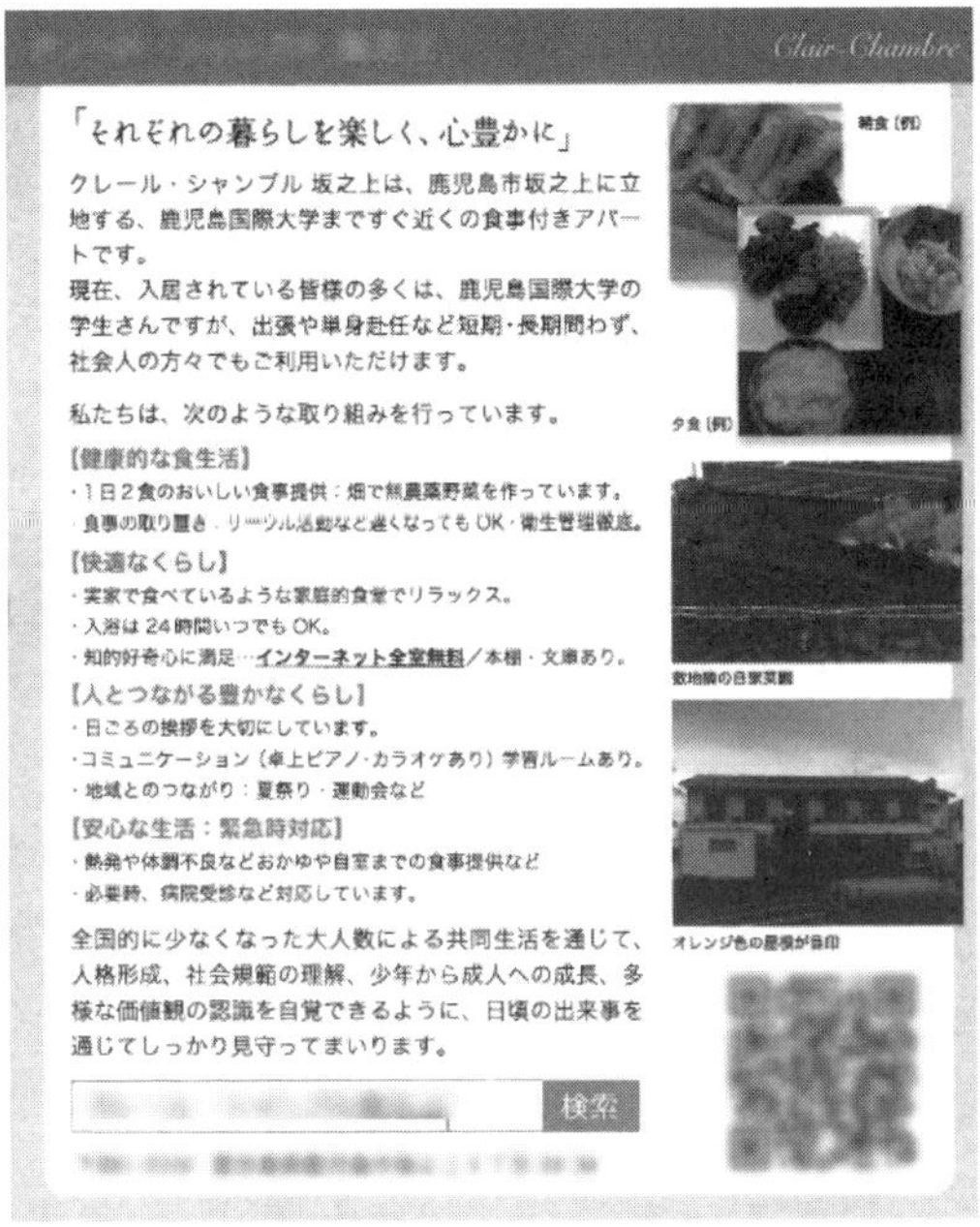

記憶に残る３Ｄ大家名刺

名刺のポテンシャルを知った私は、色々な方と名刺交換をするのが大好きになりました。

そして、デザインや言葉の言い回しなど、いいなと思う名刺と出会うと通常とは別のファイルで保管するようにもなりました。

そんな中で、過去最大の驚きと感

動をくれた名刺と出会いました。

名刺が飛び出すんです!!

2つ折り折りタイプの名刺を開くと中の用紙が展開される仕掛けになっています。

飛び出す絵本と同じような仕掛けです。

いかがでしょう?

インパクトがある名刺だと思います。

すぐに自分もやってみたい！　無理言ってもう1枚いただき、1枚は保管用、1枚は仕組み解析用としてバラしました。

悪戦苦闘した結果、この3D名刺の再現に成功しました（図表17）。

それをある大家さんの勉強会でレクチャーしたところ「非常に面白く印象に残る」「インパクトがある」「差別化に使える」「遊び心があってとても良い」「不動産業者に覚えてもらいやすい」と大好評でした。

紙面が広がる分、2つ折りタイプより多くの情報を掲載できたり、マイソク自体を張り付けることもできます。

ただし、正直作成するのに手間がかかります。

しかし、この3D名刺は記憶に残るということは間違いないでしょう。

【図表 17　飛び出す３Ｄ大家名刺】

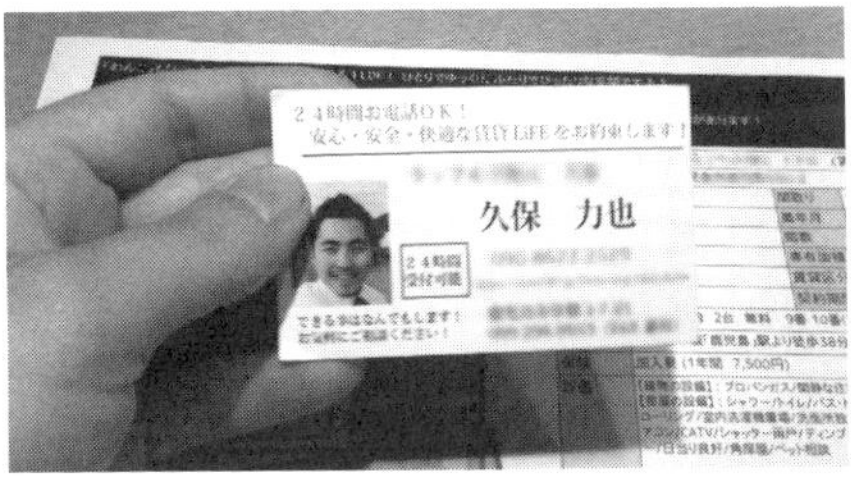

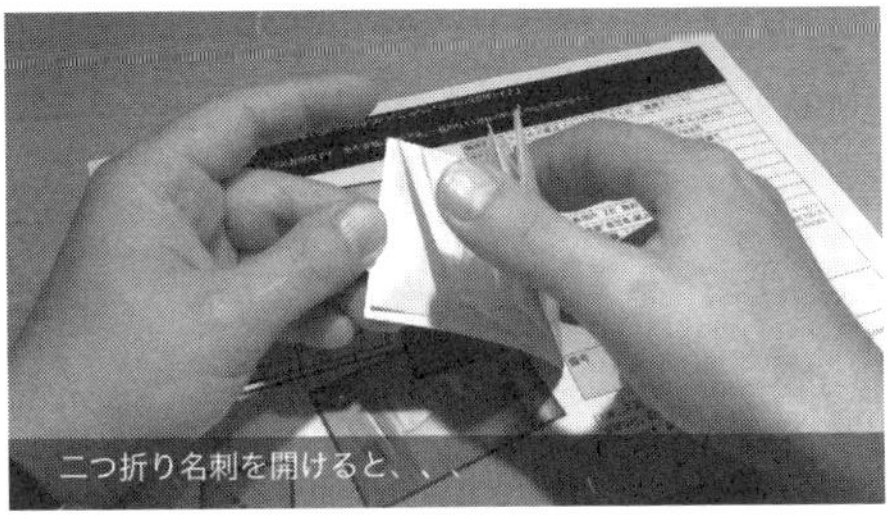

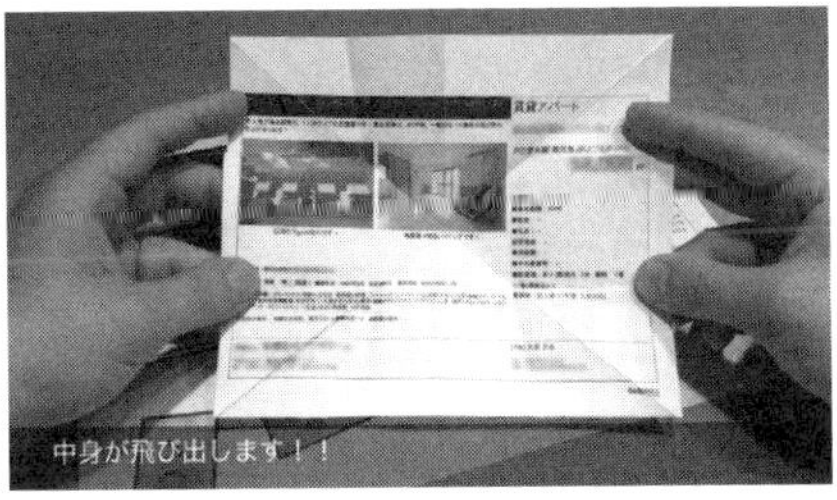

5　三種の神器③　マインド

マイソクや名刺に続く三種の神器、それは「マインド」、いわゆる心構えです。いかにいい武器を手に入れてもそれを正しく使うことができなければ持っていないことと同じです。これから説明するマインドは、不動産業者のチカラを借りやすくするための心構えのことです。

こういう言葉を聞いたことがあるでしょう。

「他人と過去は変えられない。自分と未来は変えられる」。

他人である不動産業者は残念ながら変えられません。

しかし、大家さん自身が変わることで、不動産業者を変えることは十分可能です。

これからの大空室時代を生き残るために、大家さん、意識改革していきましょう！

【図表18　もうけるの漢字】

ビジネスで成功したければ「もうける」を書けないとダメ

「もうけるって漢字、書ける?!」

空室で悩んでいるときに、前述の日野眞明先生に急に問われました。

私は書けませんでした。

「もうけたいのに、もうけたいって書けないとだめだよ。ビジネスで成功したかったらちゃんと書けるようになってよ」と正解を教えていただきました（図表18）。

読めますが書けない漢字って多く、これは字画も多く難しいなと感じました。しかし、漢字に疎い私でも一発で覚えられる方法で、かつ「儲ける」の本当の意味を教えてくれました。

【図表19　信者】

信者

先ほどの漢字を分解したのです（図表19）。

「儲けたければ、信者＝ファンをつくってください。それもたくさん。そうすれば、ファンはあなたをもっと儲けさせてくれます」と。

この話を聞いてすぐに賃貸経営に当てはめ、誰をファンにすべきなのか考え出しました。

すぐ想像できたのが、入居者、不動産業者です。

賃貸経営は色々な方のサポートがあって成り立つ事業ですからもちろん他の方も大事だと思います。

しかし、すべての源泉である家賃収入をもたらしてくれるのは入居者であり、その入居者を連れてきてくれるのは不動産業者です。空室に悩んでいる今、まずファンにすべきは不動産業者だと確信しました。

そこから試行錯誤しながら、大家である私が不動産業者をファンにすべく実践してきたことをこれからご紹介していきます。

すぐ効果が出るものではありませんが、続けていくことでジワジワと効いてくることは間違いありません。とても簡単なことばかりですので、できるところから、是非取り入れてください。

神出鬼没は嫌われる。入口が重要です！

ケータイが鳴り応答すると同時にマシンガンのように自分の要件をガガガッーと話始める方がいます。電話に出て損した気分になるときです。まず最初に、通話相手の確認と話せるかどうかの承諾をもらうのがルールとマナーだと思います。

これは電話だけでなく、不動産業者の事務所でも同じことがいえます。

いきなり店内に入ってきて、カウンターにドカッと座り、しゃべり出す。日頃から意思疎通ができている間柄とか、人材が豊富に揃っている不動産業者でしたら多少の融通はきくでしょうが、少人数で業務を回している不動産業者にとっては、非常に迷惑な大家さんの部類に入るでしょう。

大家さんも悪気があるわけではないのでしょうが、嫌われてしまうきっかけになってしまいます。

せっかく時間を使って営業活動をしているのであれば、それが良い結果に結びつくようにしたほうがいいです。そのために、最初の入口を大切にしてください。不動産業者の事務所に行く際は、原則、アポイントを取ってください。

訪問する時間もしっかり守ってください。事情があって遅れる際は必ず電話連絡をすることをおすすめします。客商売の彼らはドタキャンや遅れてくる相手に言いたくても言えない立場でいろいろ我慢しています。

その点をしっかりくみ取っていただき、こちらからお詫びを入れ予定到着時刻を告げるととても安心します。そして大家さんのその行動に誠意を感じ、良い感情を持ちだします。

相手も忙しい身であることや立場を理解していただき、それを言葉で、態度で、しっかり示すことが好感度を高める近道です。

NO3D、YES3Sを駆使する

アポを取り、時間にも間に合い、無事不動産業者と打合せになりました。

でも気を緩めないでください、ここからが本番です。

一方的に自分の話をするのでなく、相手がストレスに感じなく、双方向のコミュニケーションを図りながら、対話を進めていくことが大切です。

そのために私が意識しているポイントがあります。

聞き上手な友人から教えていただいた「３Ｄ言葉を使わない、３Ｓ言葉を使う、そして笑顔」ということです。

聞き上手な彼は真剣に聞きます。

その際、意識して３Ｄ言葉を使わないのです。

・でも
・だって
・どうせ

「でも」「だって」「どうせ」は消極的な、否定的な言葉なのです。

もしあなたが会話をしている相手で、この３Ｄ言葉しか出てこなかったらどうでしょう。なにを言ってもダメだなと感じることでしょう。

逆に相手を気持ちよくさせる、３Ｓ言葉を積極的に使っていただきたいです。

・凄い
・さすが
・素晴らしい

「すごいですね」「さすがです」「すばらしいと思います」こういったポジティブな言葉が出てくる会話は相手も気分が良くなり、あれもこれもと色々な情報をくれることが多くなるでしょう。そして、またあなたと話をしたいと思うはずです。

これらのポジティブコミュニケーションと笑顔はすべて自分に跳ね返ってきます。

不動産業者訪問は1回だけでなく、これらかも継続していくはずです。

そう考えるとこの1回1回は非常に大切な時間であり、チャンスでもあることをしっかり認識してください。

簡単だが効果絶大！　見せて伝えて感動体験

先ほどの聞き上手な友人から教わった別のポイントもご紹介します。先ほどの不動産業者事務所での会話のシーンで使うと効果的です。それは、「メモを取っていいですか？」と大きなノートを取り出し記録を取っていくのです。

記録を取るのでしたら小さなメモ帳でもいいのですが、このノートが多いのが今回のポイントとのことです。

わざわざしっかりしたノートに記録を取ってくれている、相手はそう感じ感激することが多いとのことです。

また、その内容をマインドマップなどで整然とまとめて記録し、最後に相手に見せるのも効果的とのことでした。

あとは、会話の節々で記録を取って気になったことや良かったことを復唱するなどして、話をしてくれた相手にその場でフィードバックすると、この人は真剣に聞いてくれていると、これまた感激するとのことです。

ここまで気持ちよく会話ができる方は、そういないでしょうから、不動産業者からのあなたに対する評価はとても高くなることでしょう。

最後に、私の師匠の1人である、沖縄大家塾塾長の宮城裕さんから学んだことをご紹介します。

それは、用件があり宮城さんの携帯電話に発信をしたときのことです。

発信音に続き彼が電話に出ました。

「はい、久保さんこんにちわ、宮城です」

びっくりしました。通常はもしもし、で切り出されるところを自分の名前が呼ばれたのです。

私が電話をしていることをわかってくれて、温かく迎え入れてくれていると感じました。もちろん、ナンバーディスプレイで誰の着信かわかります。

しかしそれを私は認識していますよ、と相手に伝えるこのような素敵な電話応対をしている人はかなり少数だと思います。この件を機会に、私も電話を受ける際は、相手の名前を出して応答するようにしています。

このように、簡単ですが相手の心に響くちょっとしたことはたくさんあると思います。

自分が受けて良かったこと、感動したことを思い出していただき、是非ご自身の考え方や行動に取り入れて、あなたのファンを1人でも多く輩出していただけると嬉しいです。

第5章　もっともっと不動産業者を味方につける

1　大家さんが手間を掛けて得られるもの

大家さんができることをどんどん実践する

様々な現場を知り、賃貸経営を成功に導く経営資源の洗い出し、「デキる大家」の三種の神器を手に入れることができました。もうこれらだけでもその他大勢の大家さんから一歩抜きん出たことは間違いありません。

しかし、もっと、もっともっと不動産業者を味方につける方法があるとしたらアナタは知りたいと思いませんか。

大家さんができることは本当にたくさんあると思いますが、今までの常識に縛られ、その第一歩が踏み出せない方が多いのも事実です。

しかし、第2章でお伝えした不動産業者の現場を知れば、この大空室時代を生き残るために大家としてできることを実践するのが良い結果を生み出すことをご理解いただけたと思います。

すべてはご自身の賃貸経営の成功のためです。

大家さんができることをどんどん実践して、その結果、不動産業者の負担減と良好な関係性構築、入居者確保の確率上昇に繋がると思います。

手間がかかりますが、地味ですが、大家さん自身が行動することが必須です。

では、早速私が実行していることをご紹介していきます。

2　広角カメラで撮影！　写真は質と量で勝負

情報不足が巻き起こす負のスパイラル

様々なエンドユーザーのアンケートの結果を見ると、物件を問い合わせるときに重視している情報が写真情報と回答しているユーザーがかなりの割合をしめています。

物件写真で「魅せる」ことが入居者を引き寄せの第一歩といえます。しかし、中には、物件写真にあまりチカラを入れていない不動産業者が存在しているのも確かです。

不動産情報サイトの色々な物件情報を閲覧すると、会社備品のコンパクトデジタルカメラでただ撮影しただけの写真を数点掲載している情報を見ることがあります。

不動産業者である私は、日常的にお客様の依頼があって色々な情報から部屋探しをする場合がありますが、正直このような物件は紹介しません。

まず第一に、情報不足が問合せしたいと思う欲求を喚起しない点です。もう1つが、一時が万事という言葉が示すように、まだ見たことのない人に対してこのような情報提供サービスしかできない不動産業者が、入居後満足いくサービスを提供してくれるかどうかが不安だからです。大家さん、写真が少ないというだけで読み手にこのような感情が湧き起こることを是非認識してください。

負のスパイラルを断ち切る

私はこういう事態を回避し満室経営を実現するために、まずカメラを購入しました。より部屋を広く撮影できる広角レンズに交換ができるタイプを選びました。

この広角レンズの効果は素晴らしいです。今までのカメラでは実現できなかった広さが撮影でき、より多くの情報が写り込むことで物件の全体像がつかみやすくなりました。

カメラとレンズでこのように劇的に変わります。

エンドユーザーが重要視している項目ですので、すぐにでも実行に移すと少しでも早く良い結果が出ることでしょう。

そのために不動産業者がやってくれるのを待つのではなく、大家さん自身が行

【図表 20　レンズの違いによる室内写真の比較】

上：20㎜レンズ　　下：広角７㎜レンズ

動することが一番の近道です。大切な商品である部屋を大家さん自身が勝負写真を撮影し、最大限にアピールする。これからの大空室時代を生き残るのに必要なことだと強く思います。

先ほどもありましたように、ただ部屋を撮影するだけではだめです。

初めて見る方の目線になって、伝えたい情報がしっかり伝えられるように、写真の質も高めてください。

その際気を付けているポイントは82ページ以下の三種の神器の箇所を参考にしてください。

撮影したデータは、是非不動産業者に提供してください。

彼らの広報活動の援護射撃をするのです。日々忙しく活動している彼らにとって凄く喜ばれます。

また、そうすることで前述した情報不足による負のスパイラルを断ち切ることができます。

3　より情報量が多い動画を使う

動画も撮影してみる

より多くの情報を求めるユーザーが増えてきており、動画に対する要望も高まってきています。

スマホや動画サイトの普及に伴い、ネットで視聴する動画が一般的になってきているのもその要因の1つだと思います。主要ポータルサイトも動画対応するものが出てきていますので、今後の広報活動にとって重要なコンテンツとなってくると思います。

また、動画は広報活動に優位な点があります。Youtube が利用できる点です。Youtube はグーグルの動画共有サイトであり、SEO対策にとても有効だといわれています。作成した動画を Youtube に公開することは、グーグルの検索エンジンにヒットしやすくなり、結果多くの人に見てもらうチャンスが増えることを意味しています。

こういった点から、私も物件写真の撮影に行った際は、同時に動画撮影をし、物件紹介に役立てています。写真撮影で使用するカメラの動画撮影機能を使います。写真同様、エンドユーザーが見たいと思っている箇所を中心に動画で撮影します。

動画撮影で気を付けているポイントが2つあります。

1つは手ブレをしないようにゆっくりしたカメラワークを心がけています。動画撮影をスタートさせたばかりのとき、撮影して編集をしようと再生チェックした際、早いカメラワークではしっかり情報を伝えることができず、また画面を見ていて気持ち悪くなりました。

もう1つは、ずっと撮影しないということです。撮影の箇所箇所で動画を撮影し、最後に編集で繋いで1本の動画に仕上げています。

最初から最後まで部屋内を動画撮影するという手法もあると思いますが、間延びしてしまい見る側に飽きさせてしまう恐れがあると思ったのです。

これはつくり手の好みや手腕があると思いますので、ご自身に良い方法で撮影すればよいと思います。結局は見る人にとって有益な情報提供ができるかということが一番重要だと思います。

動画を編集・公開してみる

個別に撮影した動画は、編集作業をしてYoutubeにアップロードして視聴できるようにします。利用している編集ソフトはマイクロソフトが提供している、ムービーメーカーです（図表21）。無料で使えますし、わからないことはネットで調べればすぐ出てきますので初心者でも扱いやすいです。

撮影した動画を編集領域にドラッグ&ドロップで移動して動画を再生させたい順番で並び替えます。そして、動画が切り替わる時に切替効果を入れてちょっとした演出を加えます。

そうやって繋げた一本の動画につなげた完成形を動画データとして書き出します。

その動画データはそのパソコンで視聴できますが、広報活動に使えるようにするため、Youtubeにアップロード公開するようにします。

Youtubeにアップロードするには、アカウント登録する必要があります。

前述したように、グーグルのサービスの1つですので、グーグルアカウントを持っていればそれが利用できます。もしなければ、グーグルアカウントから作成しましょう。無料ですのでつくっておいて損はありません。

準備した動画データをドラッグ&ドロップすれば自動的にアップロードされ、動画に合ったタイトルや内容を入力し完了です（図表22）。

ただ動画が流れるだけでは味気ないと思い、２つのことを追加作業しています。

【図表21　ムービーメーカーの基本画面】

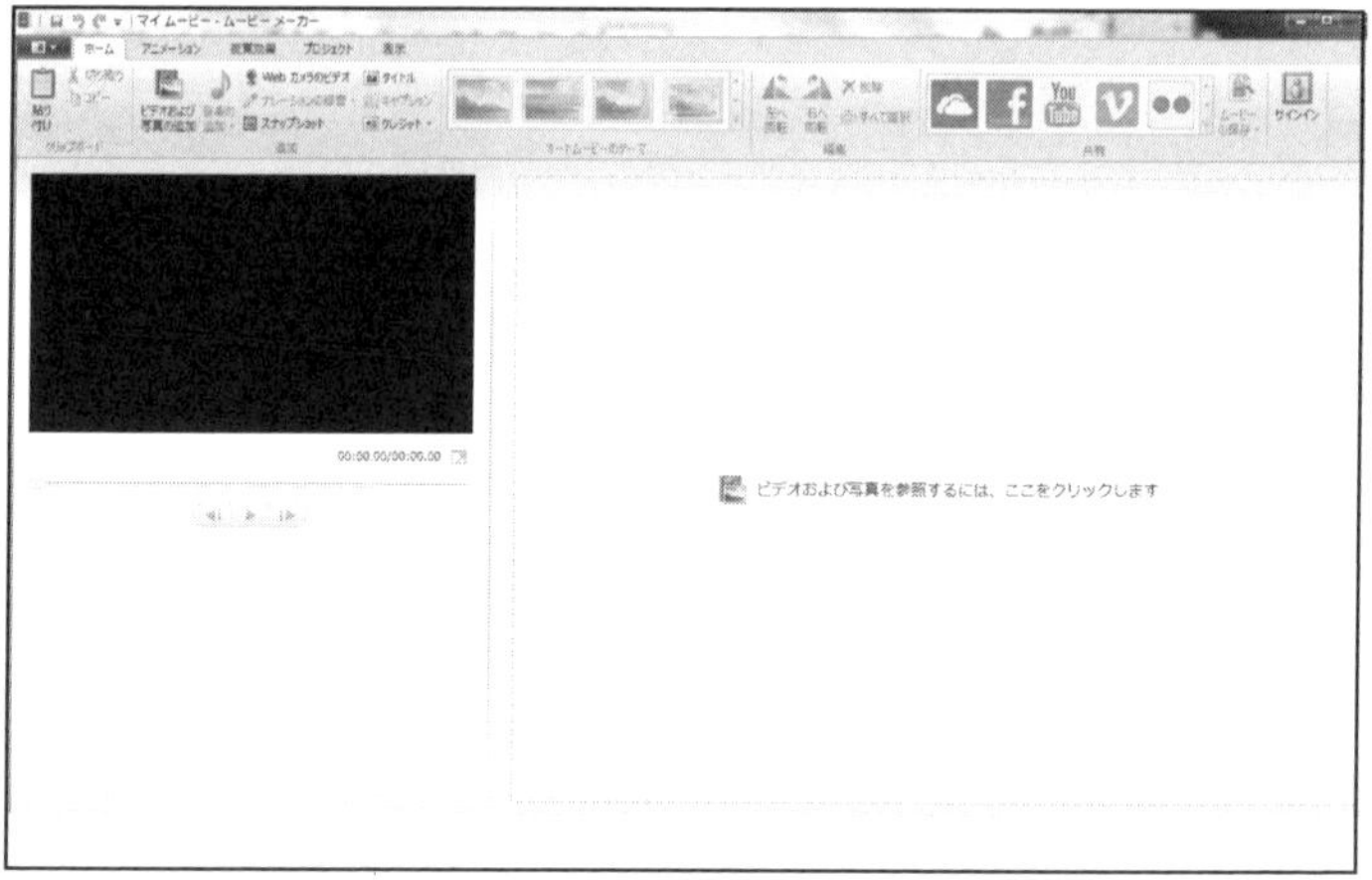

その1つがBGMの追加です。

これも編集画面に準備されている機能があるので、自分のイメージに合ったBGMを選んで追加するだけです。

動画の長さに合わせたBGMを検索できるなど、使い手に優しい機能となっています。

もう1つは、動画に部屋や設備の特徴を文字で表示させるアノテーションという機能です。

補足説明の追加もできますので、より物件への理解度を高めて頂けます。

よく聞かれる質問が、「どれくらいの長さで動画をつくればいいのでしょうか」です。

ここに関しては正直、まだ試行錯誤している状況です。

販売促進を目的とした場合であれば、購入もしくは問合せの判断材料となりので、3分程度と聞いたことがあります。

【図表 22　YouTube のアップロード基本画面】

ちなみに私の場合は、大体１分〜２分の間で仕上げるようにしています。

あくまでも物件内見につなげるためのものですので長くなりすぎず、サクっと見てもらい実際の内見につなげることが重要だと考えるからです。

このようにして出来上がった動画は、検索エンジンに引っかかるようになりました。またご自身で持っているＨＰやブログといったメディアに掲載もできます。

そして、不動産業者に作成した Youtube のＵＲＬアドレスを伝えます。

部屋探しにきたエンドユーザーに、マイソクとともに動画を見てもらい物件の良さを訴求してもらうのです。

不動産業者にとってこのようなツールがあると客付もしやすくなり喜ばれることでしょう。

写真、動画とそれらのデータを大家さんが準備することは、不動産業者を味方にするのにとても有効であり、結果自身の空室対策にもつながる一石二鳥の方法でしょう。

4　空間を丸ごと伝える

デジタルツールを駆使して予想を上回る情報提供をする

広角カメラを使ったワイドな写真や内見をしているかのような動画によって、エンドユーザーに対し、たくさんの情報提供ができるようになりました。

しかし、撮影できていない箇所もあります。エンドユーザーによっては、その撮影していないところを確認したかったのに、という方もいらっしゃるでしょう。効率よく部屋探しをしたい方は、内見に行く前段階で知りたく、その結果で内見に行くか行かないかを決めたいはずです。

空間を丸ごと切り取り、その場にいるような臨場感を伝えることができればその不満は解消されることでしょう。

それを実現してくれるのがリコーから発売されている、シータという全方位カメラです。

http://theta360.com

高さ129ミリ、横幅42ミリ、約95グラムという非常に小さなカメラですが、ワンショットでその空間丸ごと撮影できます。

【図表23　三脚に乗せた全方位カメラ　シータ】

専用ＨＰにあるサンプルをご覧になるとよく理解できると思いますが、上下左右の全方向３６０。撮影された写真はズームできたり、好きな方向にグルグル回して見渡す事ができます。

また、通常のカメラとの違う点が撮影した写真の取り扱い方です。撮影した写真は本体内蔵メモリに記録され、専用のアプリを使ってスマホに転送するか、ケーブルでデータをパソコンに転送するかです。

私の場合、スマホに転送しいつでも閲覧できるようにしています（図表24）。

また物件ＨＰにもお部屋のパノラマとして表示しています。

このカメラの最大の効果を実感したのは、友人の部屋探しでの1件です。

沖縄に住んでいた友人が鹿児島に帰ってくることになり部屋探しを依頼されました。しかし、こちらにきて内見する時間が取れず彼女の母親と空室巡りをしてほしいとのことでした。

そのとき活躍したのが全方位カメラで撮影した全天球イメージ写真でした。

居室、キッチン、脱衣所、ウォークインクローゼット等、彼女が確認したいというところ、すべてを撮影し確認してもらい、納得して契約してもらいました。

いくらプロとはいえ、現地を見たことのないエンドユーザーにその雰囲気を上手に伝えるのは難しいものです。

【図表24　スマホに転送したイメージ】

マイソク、写真、動画に加え、この空間を丸ごと伝える事ができるツールがあれば、より豊富な情報を提供でき、満足感を得ていただけると思います。
これから協力を依頼するである不動産業者の中には、まだ大家さんの物件を見たことがない方もいらっしゃると思います。先ほどのエンドユー

ザーように不動産業者にもかなり有効な方法だと思います。

このようなデジタルツールを駆使して予想を上回る情報提供をすると、より一層あなたと所有物件を覚えていただけることでしょう。

２０１４年11月には、動画が撮影できる新バージョンも発売されていますので、さらに広報活動の可能性が広がると思われます。

5　地域情報案内チラシ

地域情報案内チラシがあれば、安心して物件紹介ができる

不動産業者として部屋を案内するとき、周辺環境を聞かれることが多いです。実際、友人知人にあるアンケートを実施してみると、治安や防犯、地域エリアの情報をもっと知りたいという声が多数上がってきました。また、過去満足いく地域情報を得られたことがほとんどないということも判明しました。

このことから、部屋の情報だけでなくエンドユーザーが欲している地域情報を提供することは、物件を選んでもらう確率を高めるのに役立つのではと考え始めました。

そのためにも大家さんが所有物件を中心に様々な地域情報を網羅した案内チラシを作成することをおすすめします。

【図表 25　山岸さんお手製の地域案内マップ】

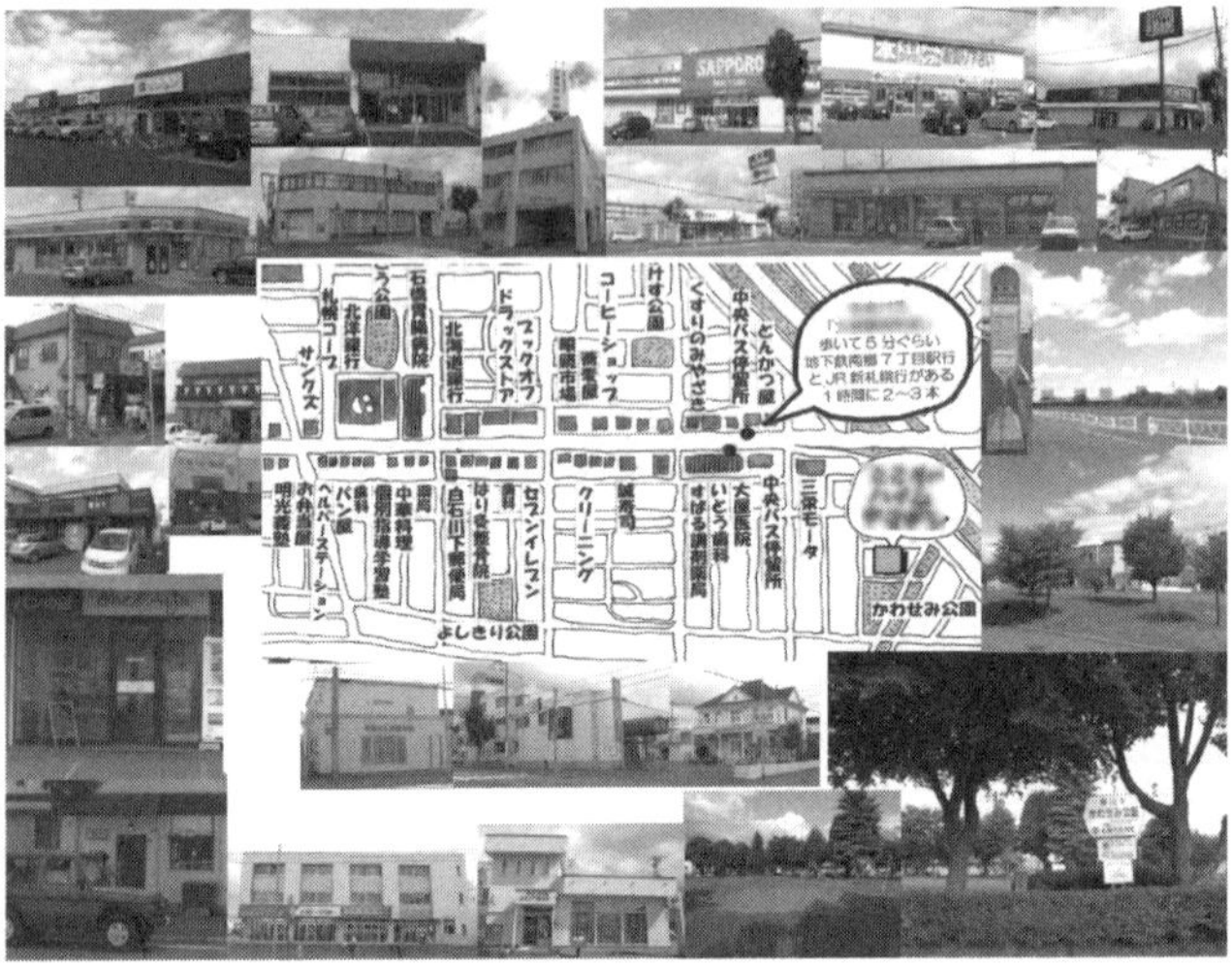

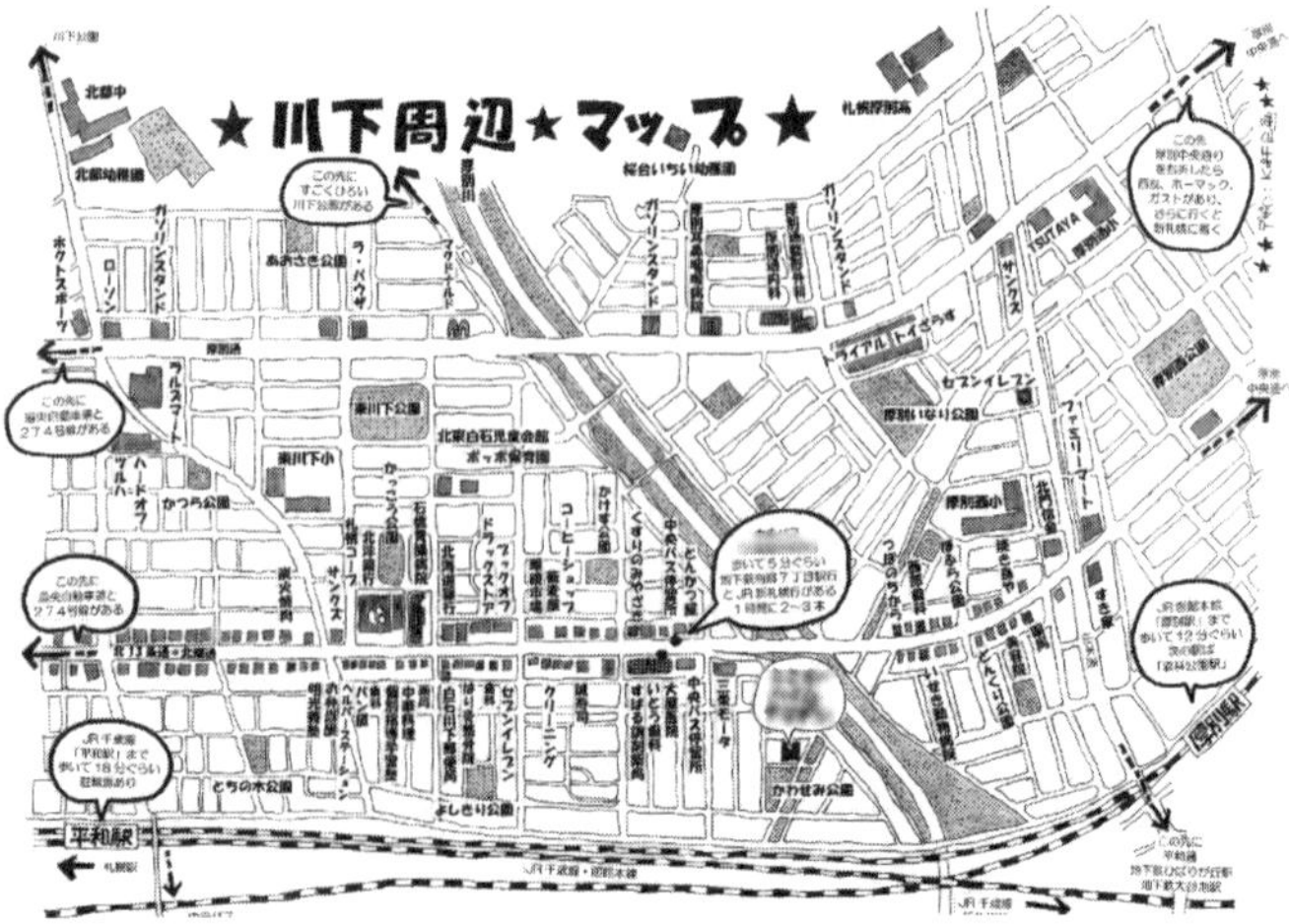

そうすることで、不動産業者経由でエンドユーザーに案内してもらったり、現地お部屋に資料として準備しておくことができます。

私の友人で、北海道の大家さんである山岸加奈さんは、手づくりの地域情報案内チラシ（図表25）を作成し、地域情報の提供をしっかりとやっていらっしゃいます。これとマイソクを持って不動産業者営業を実施し、長期空室だった四部屋を見事成約に導いた実績をお持ちです。

エンドユーザーを連れてくる不動産業者は、物件のある地域とは全く違う地域で営業をしている方もいらっしゃり、その地域に不案内な場合も多いです。

ですが、この地域情報案内チラシがあれば、彼らも安心して物件紹介ができます。物件を所有し続ける限り、その地域と大家さんは関係が続きます。

ぜひ大家さんオリジナルの地域情報案内チラシで、物件の価値を高めるエリア情報の発信も取り組まれてみてください。

6　ＣＤロムを活用する

物件の勝負写真やマイソクをデータとして入れて、どんどん配布

大家さんが準備できる要素として今までご紹介してきた、マイソクや勝負写真、動画データ、地域情報案内チラシがあります。紙媒体であったり、パソコンで再生できたり色々ですが、それらの

共通項は、デジタル化できるということです。

つまり、ＣＤロムやＵＳＢメモリに情報を入れることができるということです。実際、私が空室情報を持って不動産業者営業をした際は、ＣＤロムに物件の勝負写真やマイソクをデータとして入れて、どんどん配っていきました。

「ＣＤロムにマイソクや対象物件の写真が入っていますので、御社の客付活動にご利用ください。」

そう言って物件の空室認知度アップと彼らの客付営業支援をしていきました。ＣＤロムですから、場所も取りませんし、書類に埋もれる心配もありません。

また、コスト的にも負担は大きくありません。他の大家さんと違うと感じてもらえる、簡単にできる差別化方法だと思います。

7　時には写真を抜く

デキる大家さんの三種の神器の1つであるマイソクには、写真が必須だとお伝えしていましたが、あえてその写真を抜く場合があることをお伝えします。

物件情報をＦＡＸで送信する場合です。ＦＡＸで流通させると写真は潰れて見づらくなることは説明しました（50ページ・図表7）。

伝えたい情報は伝わらず、逆に読み手のストレスとなってしまっています。手間とお金を掛け

【図表26　FAX用として利用しているマイソク】

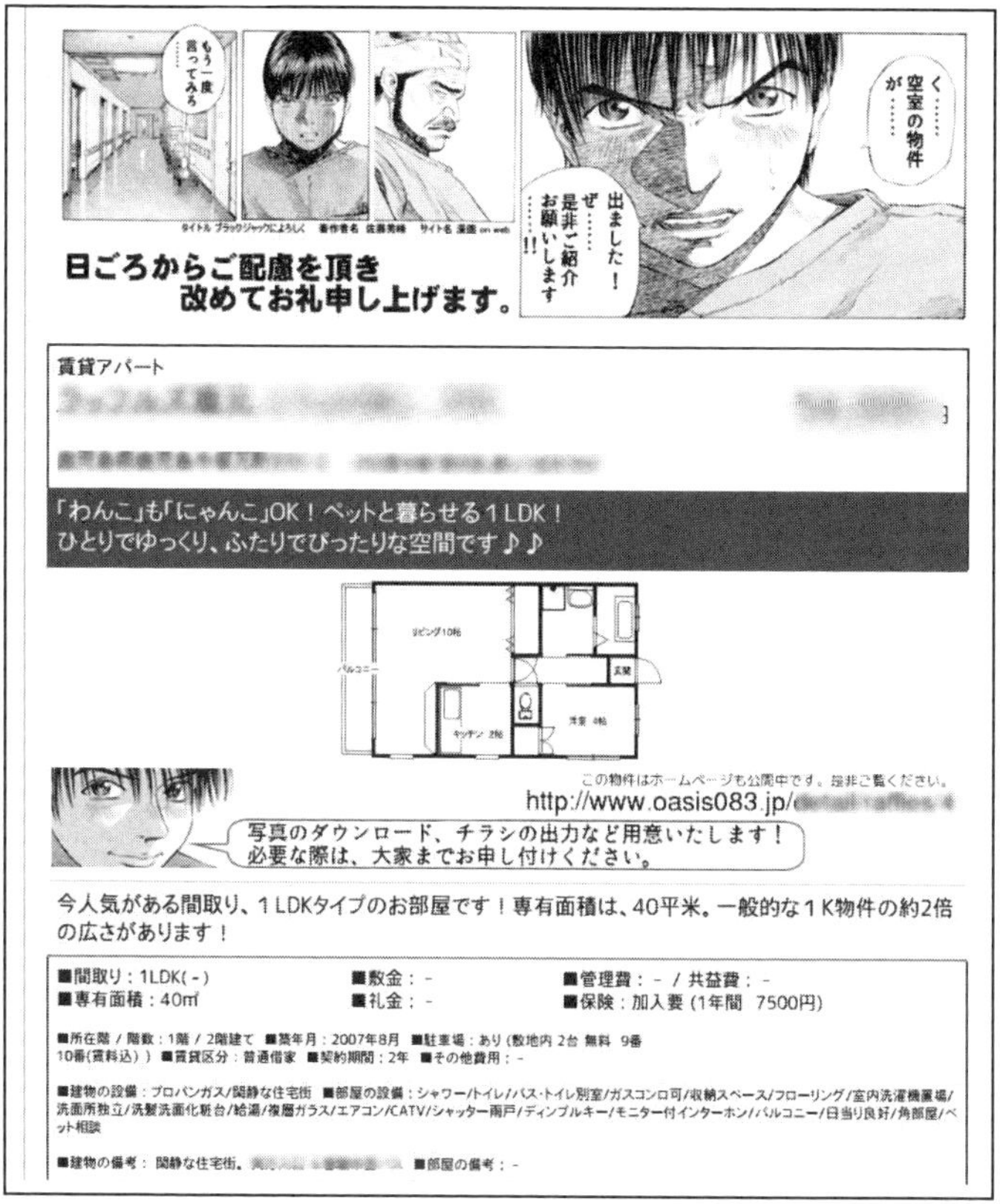

た営業活動がこのような結果になるのはもったいないです。使うシーンによって写真を抜く必要があることをご理解しておいてください。

写真が抜けた分、様々な情報を掲載できるスペースができます。ABATで洗い出した経営資源で優先順位が高いものを掲載するのもよいでしょう。

ちなみに、私が空室情報をFAXする

際は、このように目立つヘッダーを掲載し、手に取った方に興味を引いてもらえるように工夫しています（図表26）。

そして、物件ＨＰや写真やマイソクのダウンロードができるような導線をつくるようにしています。

8　物件ＨＰで援護射撃

物件ＨＰは持つべきなのか

アナタは物件のＨＰの所有に関してどのような意見をお持ちでしょうか。

不動産業者経由でのポータルサイト、不動産業者ＨＰに掲載されているから大丈夫と思われている方もいらっしゃるでしょう。私は、物件ＨＰは持ったほうがよいと思っています。

エンドユーザーに対する直接的な情報提供と不動産業者に対する援護射撃的な情報提供が可能だからです。

エンドユーザーは、気になったことはすぐにネットを使って調べます。そのときに物件ＨＰとして適正な情報発信をしていれば彼らの情報網にも引っかかり、直接的な情報提供ができるのです。

ポータルサイトや不動産業者ＨＰはたくさんの情報掲載に対応するために、掲載できる情報が限られていて不自由さもあります。

先ほどお伝えした全天球イメージを掲載したい、物件のあるエリアの周辺情報など詳細に紹介したいと思っても対応できない場合があるのです。

結果、情報量不足が発生します。また、不動産業者が情報を更新しなければいつまで経っても古い情報のままで、エンドユーザーの取りこぼしが発生してしまう場合もあるでしょう。

大家さんがつくる物件HPのメリットは、自由に情報を掲載でき、好きな時に更新ができる点が優れています。

物件の強みや特徴をしっかり伝え、変更があればすぐに更新し、どこよりも詳しく作られた物件HPは、不動産業者の客付支援ツールとしても利用できます。

物件の詳細情報、写真、動画、全天球イメージ、周辺情報等あらゆる情報がすべて物件HPに掲載されていればそれをエンドユーザーに見てもらえば漏れなくしっかり情報が伝わるでしょう。

エンドユーザーにとっては、自宅に帰ってからもスマホやパソコン経由でゆっくり目を通し検討していただけます。

このように、物件HPはこれからの大空室時代においてとても重要な情報発信&受信ツールになると思います。

物件HPに乗せる情報

先ほどご紹介した、山岸さんも物件HPを自作した大家さんの1人です。

【図表27　山岸さんの物件ホームページ】

山岸さんは、物件のコンセプトポイントを8つも洗い出し、強みやこだわりとして前面に打ち出しています。読み手にワクワク感と入居した後の生活空間をイメージしてもらいやすいように表現しています（図表27）。

各部屋の詳細ページでは、大家さん自身が準備した勝負写真を大きく掲載しています（図表28）。

また、同じ居室の写真でも扉を閉めた時と開けたときの両方を掲載し、より雰囲気が伝わるように工夫されています。

外観・共用部や周辺環境というコンテ

ンツも準備されていて、物件やエリアの持つポテンシャルを最大限に表現したり、最寄バス停の時刻表（図表29）も掲載さているのは秀逸です。

【図表28　山岸さんの物件ＨＰ居室の写真】

また、山岸さんが作成する周辺情報案内チラシはこのＨＰからもダウンロードできるようになっています。

そして、物件ＨＰを見て問合せをしたい！　そういう方に向けた問合せフォームを準備するなど、徹底的にエンドユーザーの目線に立った情報提供を努められている点も素晴らしく、大家さんのお手本となる物件ＨＰだと思います。

【図表 29　最寄バス停時刻表】

利便施設

✣ 便利なバス便（徒歩5分）

１時間に最大６便も！
地下鉄並みです！

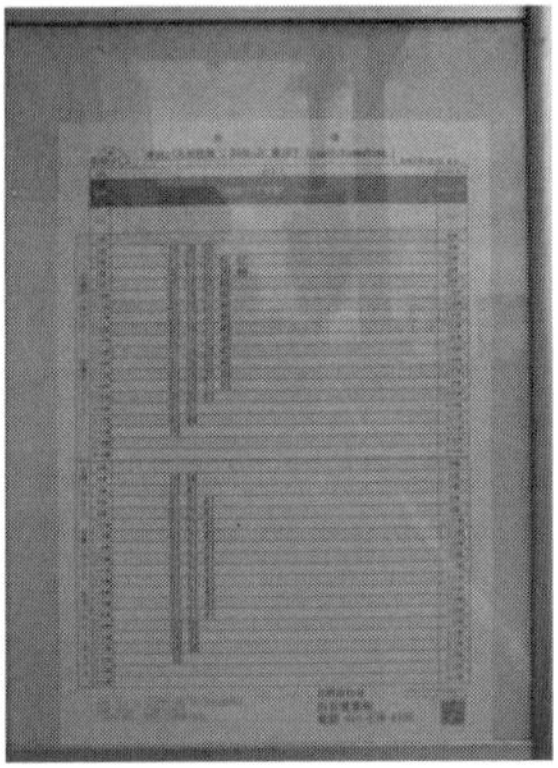

写真をクリックすると時刻表にリンクしています。

実はすぐ近くのバス停は白石区でも、有数の便数を誇るバスなんです♪

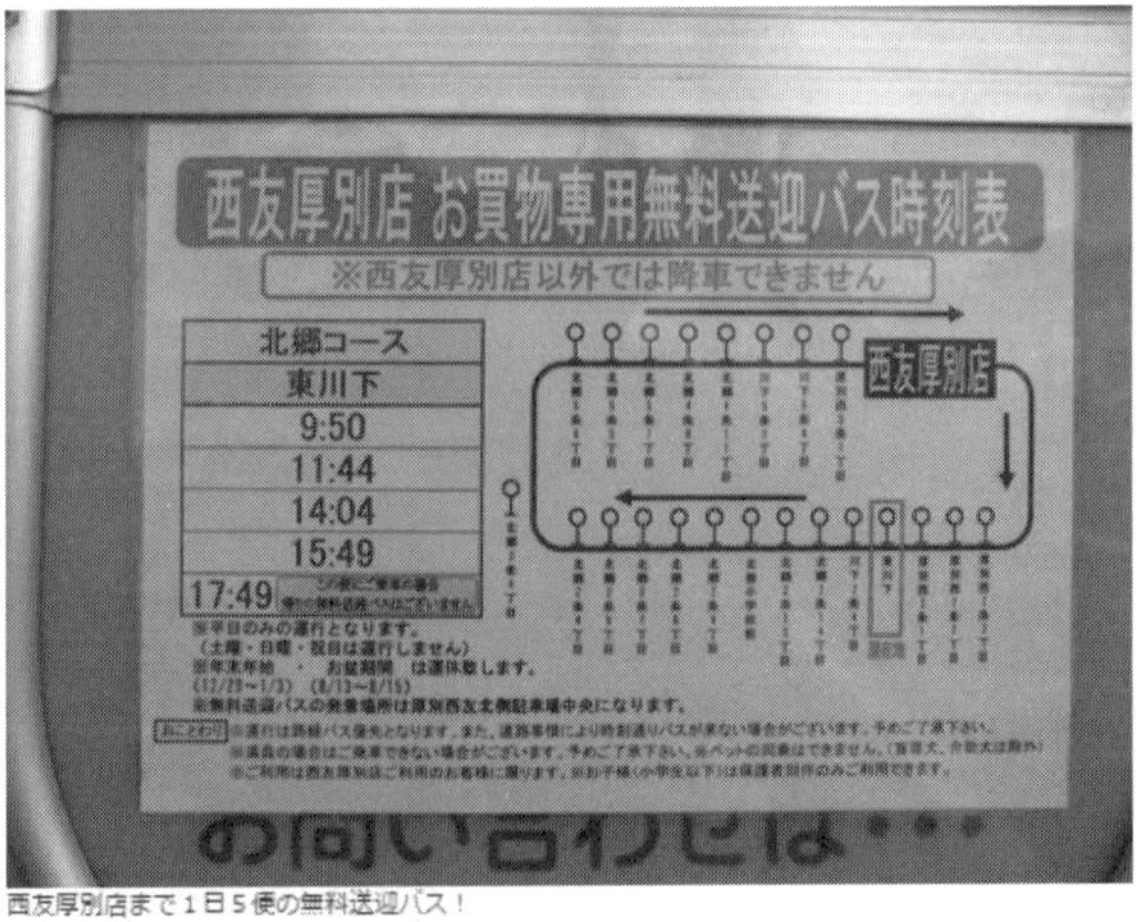

西友厚別店まで１日５便の無料送迎バス！

【図表 30　３ステップでつくった物件ＨＰ】

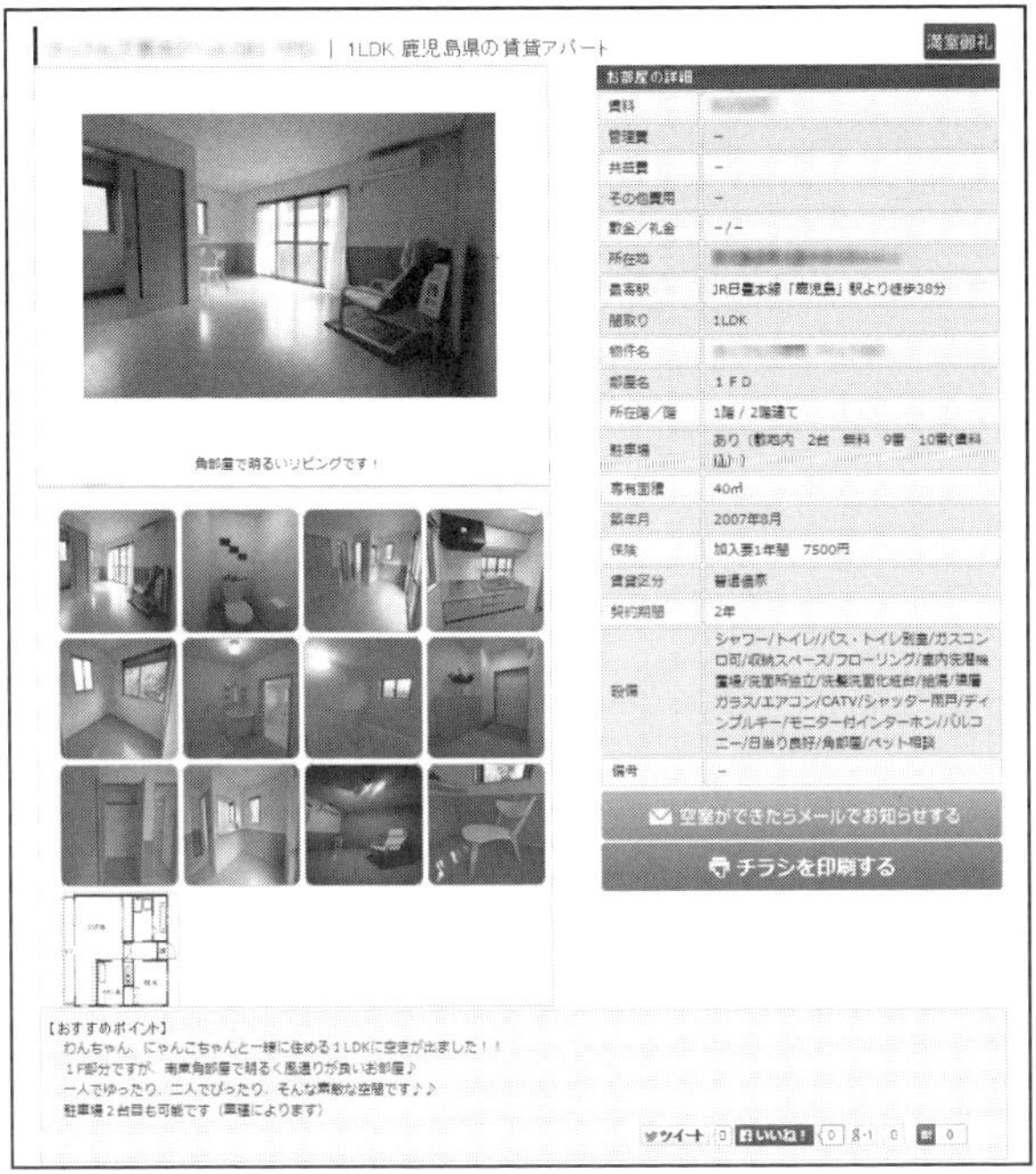

物件ＨＰはつくって終わりではない、運営を考える

正確で顧客目線に立った情報発信はもちろんですが、物件ＨＰを運営するにあたって、いかに手間をかけずに運営できるかというのも重要だと考えます。

私が物件ＨＰを初めてつくったのは、ホームページビルダーというソフトで作成しました。慣れない作業と知らない用語に悪戦苦闘しながら物件ＨＰを組み立てていきました。

大家さんが物件ＨＰを持つだけならこれでもいいのでしょう。

しかし、更新作業をして情報を最新のものにしていかないといけません。その作業が面倒なことが多くつくったまま放置していました。

この更新の手間をいかに減らすかということは、自分の経験を通し大家さんが継続的に物件ＨＰを運営していく上で重要な要素だと感じていました。

現在の私の場合は、物件の写真をドラッグ＆ドロップし、決まったフォームにキャッチコピーや文章を入れ、公開する部屋を選ぶ３ステップで物件ＨＰをつくれるようになりました（図表30）。

更新も写真や文言の入れ替えだけで完了するようになり、かなりの手間が省けるようになりました。

また、物件ＨＰのデザインレイアウトもワンクリックで選んで変更できるなど、同じ物件ＨＰでも飽きさせないような工夫もしています（図表31）。

物件ＨＰの機能にも目も向ける

運営面では、そのように手間を省くことに成功しましたので、機能面の充実も図っていきました。最初に取り入れたのは、物件ＨＰに満室時も働いてもらおうという試みです。

満室時でも物件ＨＰを見て気に入ってくれたエンドユーザーが登録することで、空室時にメール連絡をする「空室時メールお知らせサービス」というものです（図表32）。

物件が空いていれば問合せという表示ですが、入居者がいる場合は、空室ができたらメールでお知らせという表示に自動的に変わります。それを押すことで、登録フォームが出てきて名前とメールアドレスを登録してもらいます。

【図表 31　物件レイアウトをワンクリックで変更】

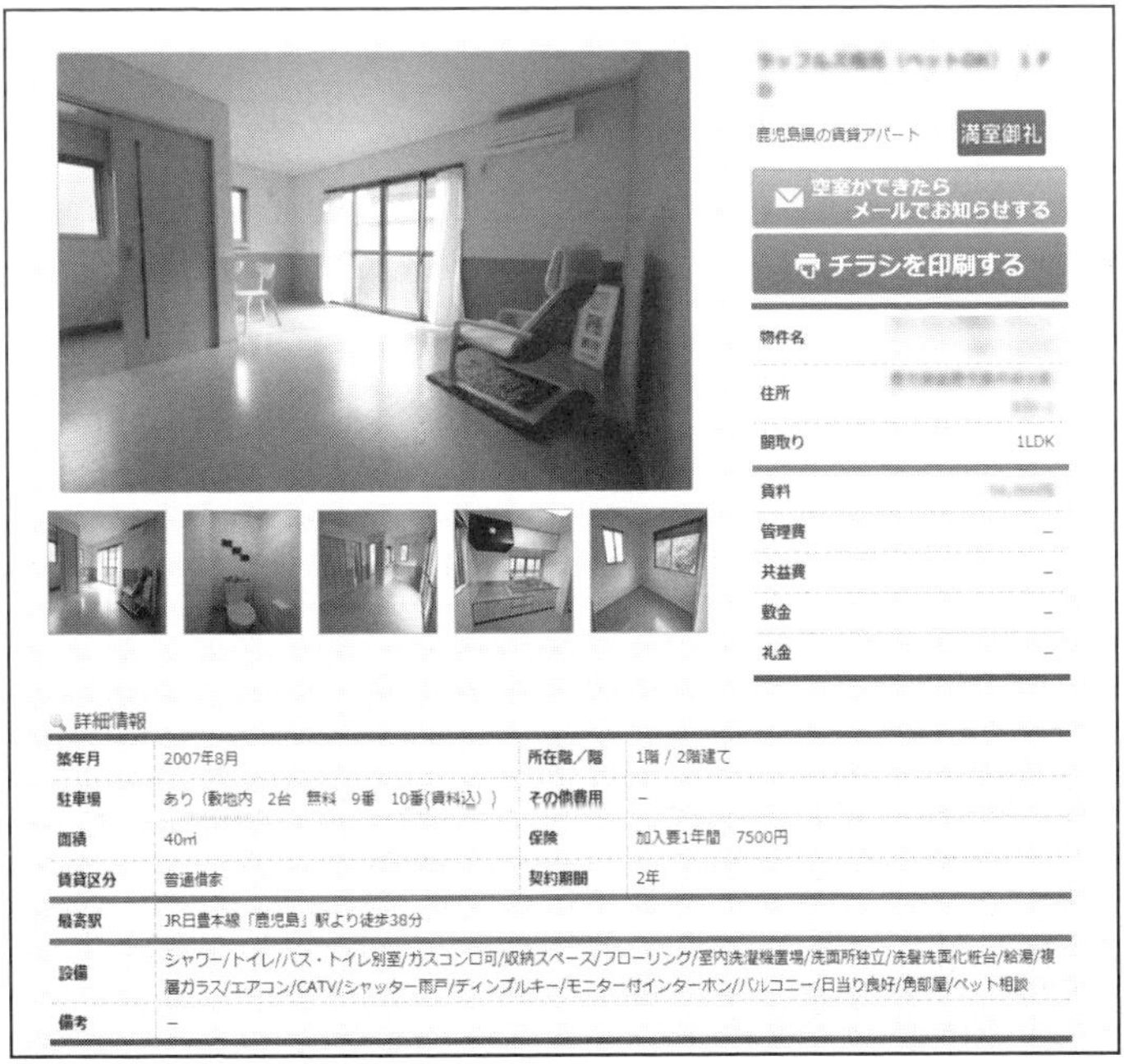

【図表32　空室お知らせサービス画面】

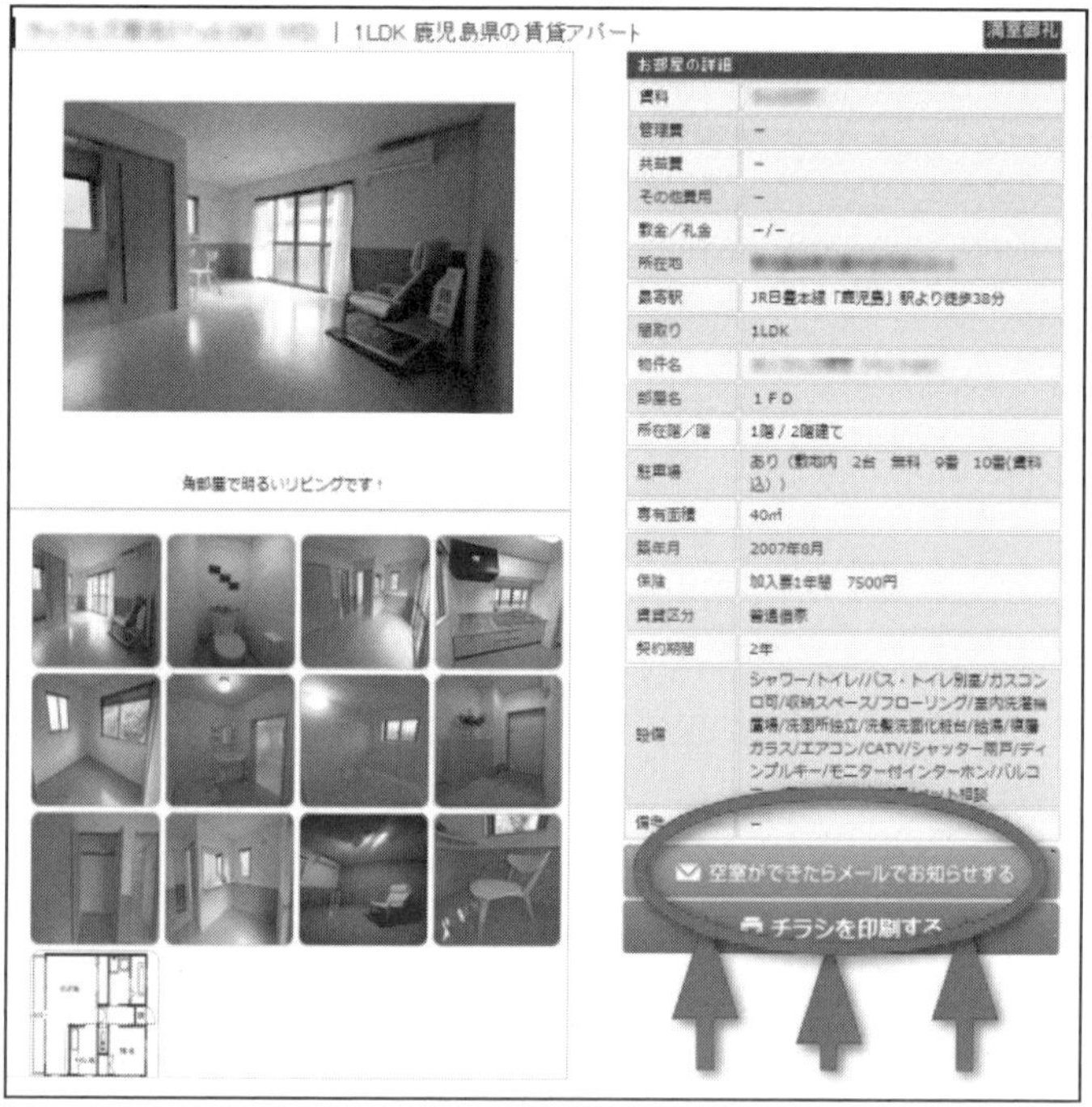

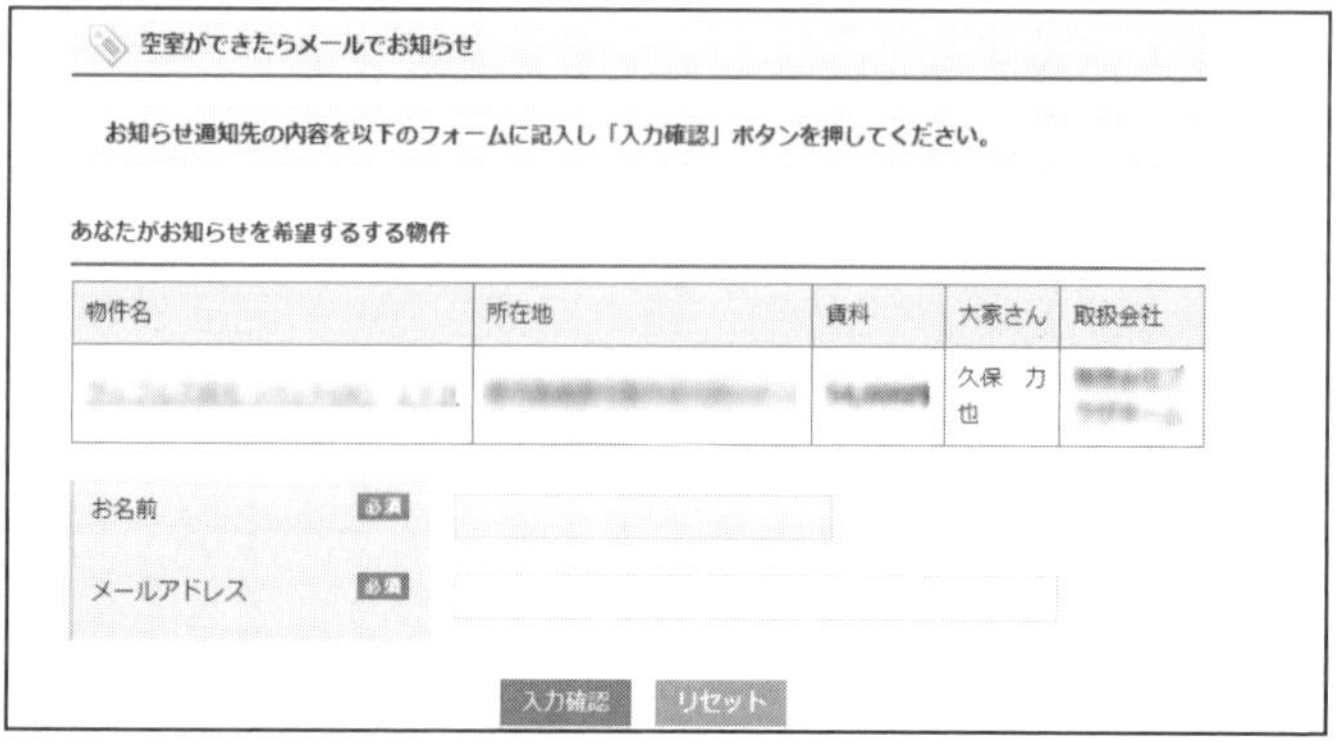

【図表 33　エンドユーザーが受け取る空室連絡メール】

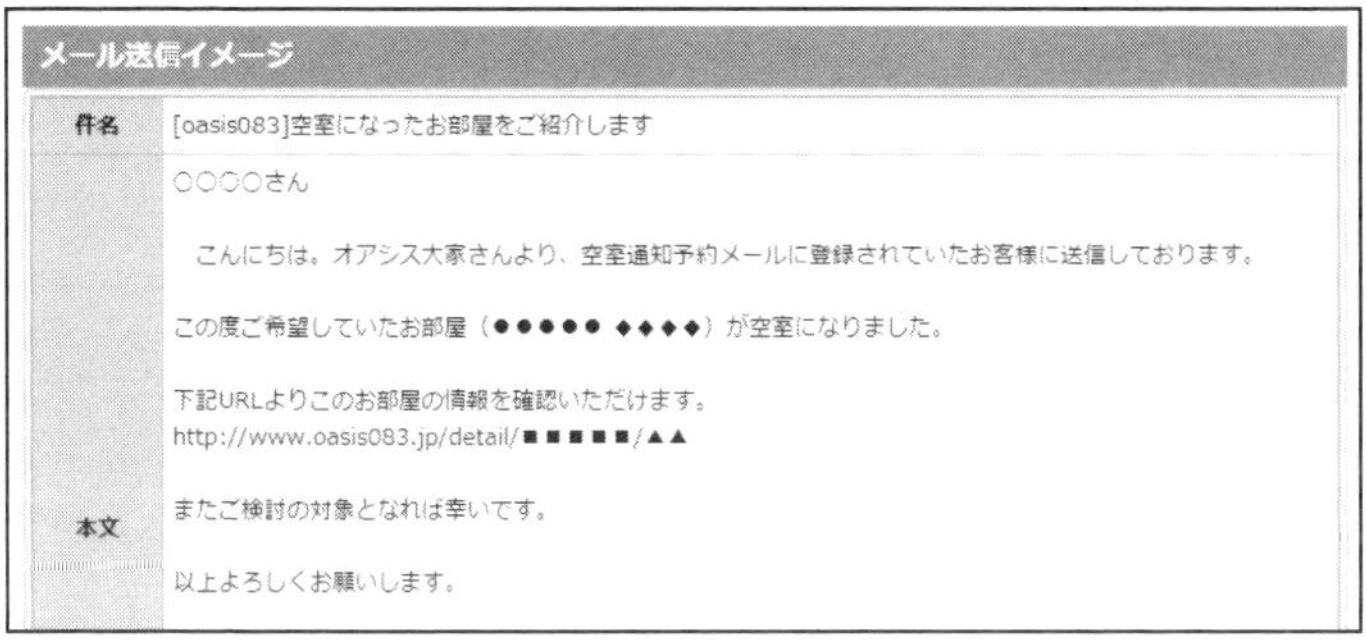
メール送信イメージ

件名	[oasis083]空室になったお部屋をご紹介します
本文	○○○○さん こんにちは。オアシス大家さんより、空室通知予約メールに登録されていたお客様に送信しております。 この度ご希望していたお部屋（●●●●● ◆◆◆◆）が空室になりました。 下記URLよりこのお部屋の情報を確認いただけます。 http://www.oasis083.jp/detail/■■■■■/▲▲ またご検討の対象となれば幸いです。 以上よろしくお願いします。

登録したエンドユーザーにはまず自動返信メールが送信されます。

そして、空室になった点で私が登録されたメールアドレスに空室お知らせメールを送信します。

もちろん、そのときのエンドユーザーの状況がどうなっているかわかりませんので、売り込みではなく空室ができましたという情報提供の形でお届けします（図表33）。

この仕組みはインターネット上だけでなく、現地看板に物件HPを掲載したり、空室時お知らせメールサービスのQRコードを掲載することでも幅広く利用できます。

エンドユーザーが空室時メールお知らせサービスを利用するときの画面サンプルのQRコードを準備しました（図表34）。

【図表 34　空室時お知らせサービスサンプルQRコード】

【図表 35　ＨＰのパノラマ、動画のアップは URL をコピペ】

実際の画面をお持ちのスマホで確認してみてください。

その他の物件ＨＰに取り入れている機能としては、マイソクのダウンロード、物件紹介の動画や居室の全天球イメージの掲載、商業施設や公共空間等の地域情報を地図上にプロット表示です（図表36）。

これらの機能は、難しいことをして実現しているのではありません。

ＵＲＬアドレスをコピー＆ペーストで貼りつけたり、表示させたい場所をポイントして地域情報写真を選択、名称入力するだけです（図表35）。

作成に専門の知識を必要とせず、公開・更新の手間をいかに省くのかというのが物件ＨＰの導入と継続のコツだと考えています。

このように、物件ＨＰは皆さんの考える機能をどんどん実装でき、進化をしていくツールです。

世の中には大家さん向けの物件ＨＰ作成サービスがあります。

コストや機能面など様々ですので、大家さんのやりたいことを実現してくれるサービスを見つけて、１日も早くオンリーワンな物件ＨＰを持つことを強くおすすめします。

【図表 36　地域情報の登録画面】

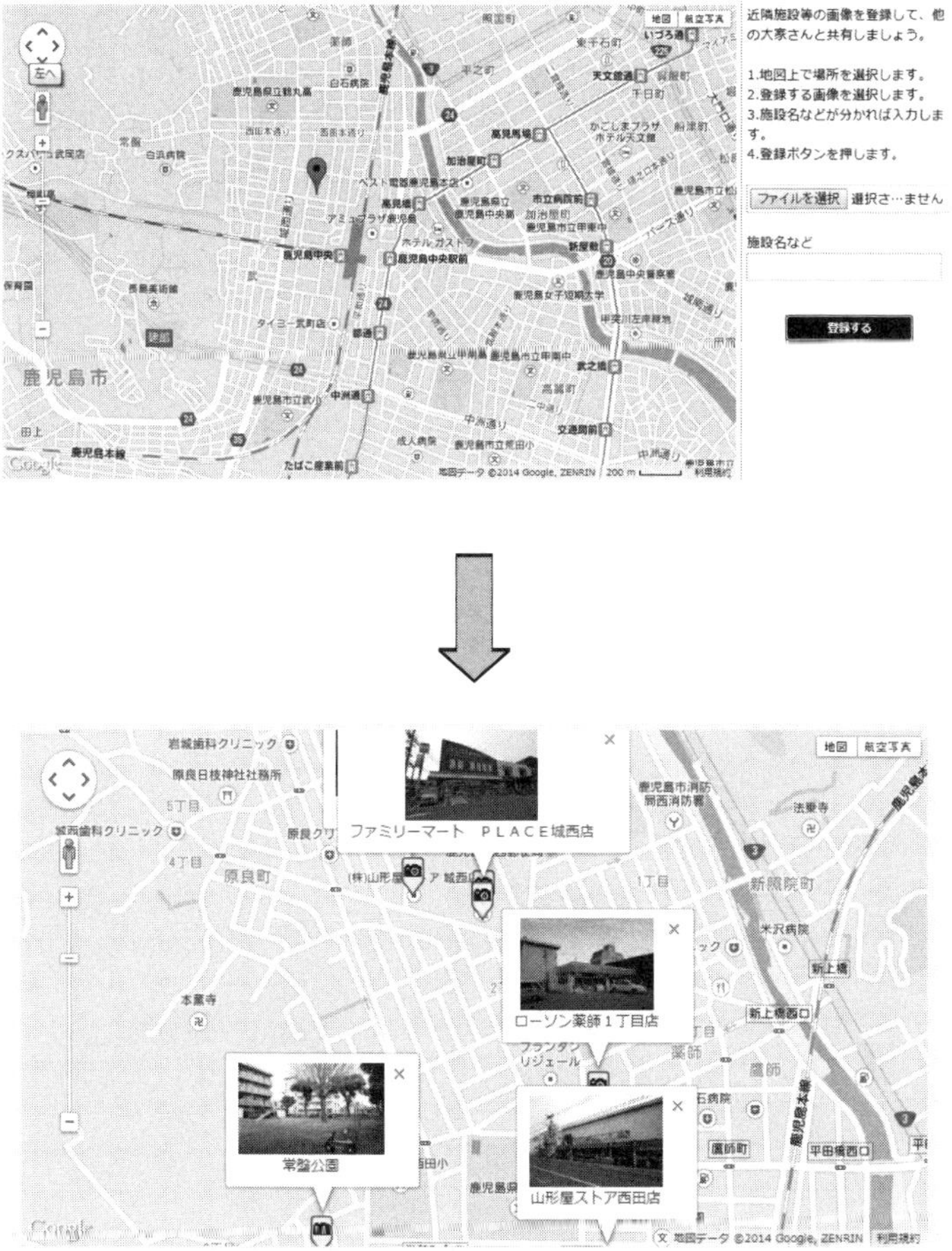

登録するとこのように表示される

【図表37　モデルルーム化をすることで印象がよくなる】

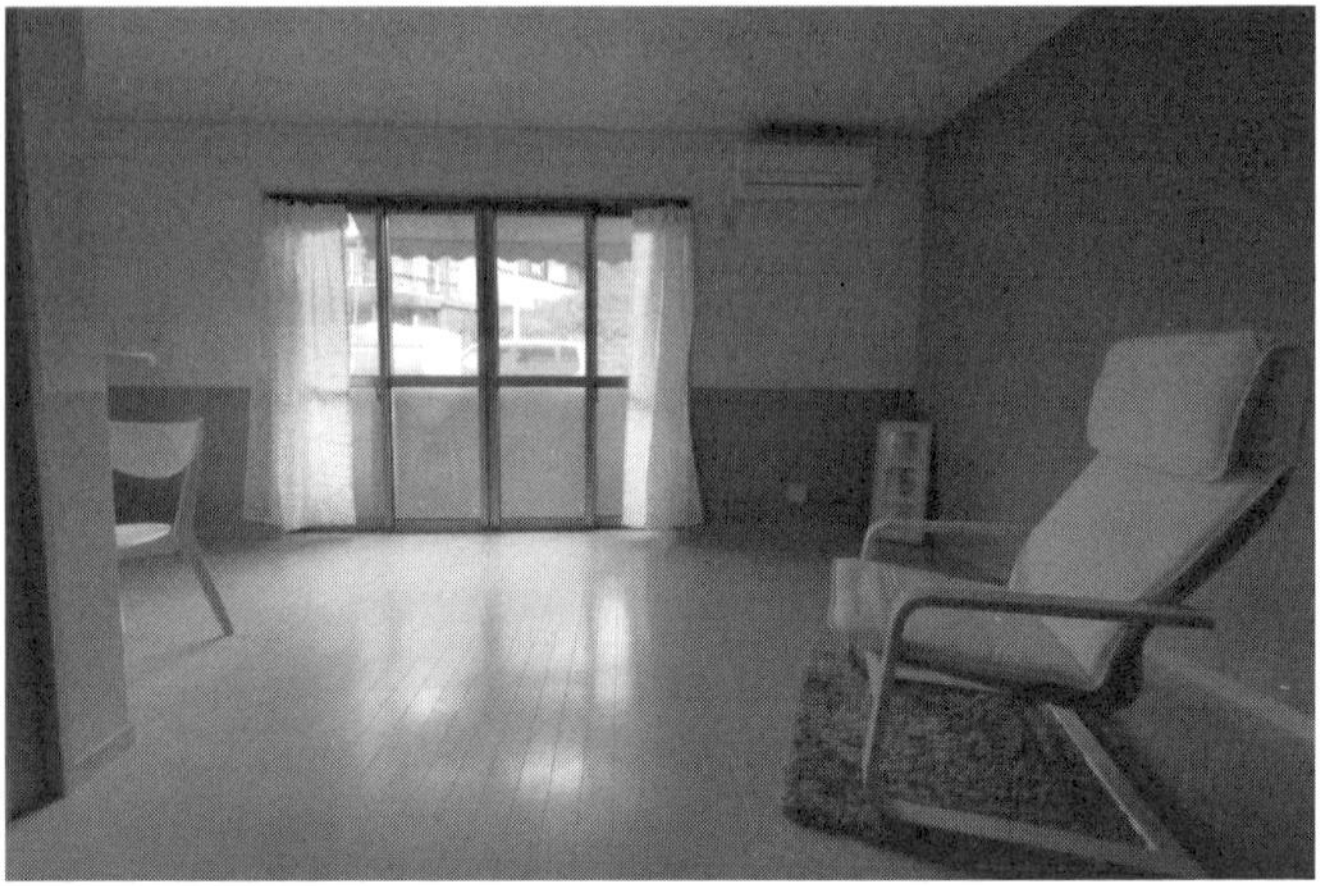

9　モデルルーム化を！

商売において、商材である商品を魅力的に見せ、購買意欲を引き出させるというのは非常に一般的です。分譲マンションのモデルルームはまさにそれを実践しています。

物件ターゲットに合った家具や照明、雑貨で空間をコーディネートし、そこで実現できる生活をしっかりとイメージしてもらえるようにしているのです。すべては、購入というアクションを引き起こすためです。

我々大家さんにとってその商品とは賃貸住宅であり、そのお部屋を魅力的にすることは供給過剰な賃貸市場における入居者獲得にとても有効です。

モデルルーム化というと、大家さんによっては、大型のソファーやテーブルを置かないといけないのですか、という質問をされる方もいらっしゃいます。すでにそういったアイテムを持っていたり、購入できるのであれば実践するのもよいでしょう。

ただし、購入コストはもちろんですが、保管場所、運搬に人手が必要になります。

私が実際にやっているモデルルーム化は、あまりコストを掛けず、１人で運搬、設置ができる程度のものです。この写真からわかるように、凄いことをしているわけではありません。リビングにチェアを置き、ダイニング用椅子やちょっとしたインテリア小物、カーテン、照明を設置している程度です（図表37）。

【図表38　総コスト400円のトイレドレスアップ術】

トイレに関しては、１００円ショップで購入したグリーンアイテムを押しピンで留めたり、トイレ本体の手洗い部分に置くだけでイメージがだいぶ柔らかくなりました（図表38）。

これぐらいでも十分イメージアップにつながることをご理解いただけたと思います。

これらのアイテムを選ぶとき、女性の意見を参考にしました。やはり小物の選び方や色合いといったセンスは女性が長けているように思います。

また、コスト感覚もシビアですので、予算内で満足のいくアイテムを揃えてもらうことができました。

また、モデルルーム化の意識を持つことで、日常生活においてインテリアのアンテナ感度が高くなり、目が肥えていくという効果もありました。

100円ショップのアイテムもよく利用しますが、IKEAのアイテムはコストを抑えることができ、モデルルーム化にはとても重宝します。

九州では、福岡に実店舗があるのでアイテム調達に行く場合があります。しかし、鹿児島からだと移動だけで往復8時間ほどかかってしまう難点があり、そうそう簡単に行くことができません。

そこで、利用しているのがイケトコというサイトです。

http://iketco.com/

ここ以外にもいろいろなサービスサイトがありますが、同じ商品でも価格が全然違います。

これは、商品再販（代行販売）をしているため、サイトによって価格に違いが生じているのです。

その点をしっかり理解して利用サイトを決めるのがよいでしょう。

もちろん店舗に行って直接購入するのが一番ですが、移動時間や移動コスト、運搬の手間を考えるとこのようなサイト利用も選択肢の1つとしてよいでしょう。

モデルルーム化されたお部屋は、不動産業者にとって安心して物件の紹介ができるだけでなく客付にも有利に働きますので優先的に内見を獲得できる確率が高まります。

ただし、ターゲットを絞りすぎてアイテムを選ぶと、内見者がそのイメージしか湧かない場合もあり、逆に選ばれないといった場合もありますので注意が必要です。

10　情報共有を構築する

チームで仕事に取り組む際の基本は常に情報を共有すること

不動産業者をもっと味方につけたいと思うのであれば、彼らとの情報共有のあり方をしっかりと構築するのも良い方法だと思います。

チームで仕事に取り組む際の基本は、「報告、連絡、相談」といわれているように、常に情報を共有することが大前提となっています。賃貸経営も同じです。

ただし、この情報共有もただ一方的に電話連絡して伝えるだけでは、彼らの信頼を勝ち取ることは難しいでしょう。

というのも、電話というのは、相手の時間をこちらの都合で奪ってしまうということと、記録に残らないため言った言わないのトラブルに発展してしまう可能性があるからです。

では、電話以外の情報共有にはどのような方法があるでしょうか。

一番使われているのはやはりメールです。パソコン、スマホと色々なデバイスからメールの送受信ができるようになりました。

ただし、不動産業者によっては、担当者ごとのメールアドレスがない場合もあり、担当者と個別に打合せをしたいと思っていてもそれが全社で共有されている場合があるのでその点の認識をしておいてください。

facebook のグループ機能を使っての情報共有

最近、私が試しているのが、facebook のグループ機能を使っての情報共有です。

担当者とグループをつくり、その中で情報のやり取りを行いお互いの意思確認を行います。

使ってみて良かった点が、会話形式でスムーズにやり取りができる、読んだかどうか相手の状況がわかる、相手に都合に関係なく送信でき自分の都合で確認できる、ファイル添付も簡単にできる、無料である、というところです。

ただし、弱点も見えてきました。時系列でずっと流れていきますので、過去の気になった情報や調べたいことがあるとき、探し出すのに時間が掛かってしまう、一度送ってしまうと取り消しができないという点です。

しかし、リアルタイムな情報共有であれば十分に機能してくれます。

ただし、お互いが facebook 登録をしていないと利用できません。

11　不動産業者向け資料ファイル

不動産業者のみに伝えたい情報や資料の予備などを入れておく

空室に不動産業者にまず見てもらうように不動産業者向け資料ファイルを準備しておきます。

そのファイルを見れば物件のことがすべてわかり、内見者にプロとして堂々と説明できるようなマニュアルとしての活躍してもらえます。

そして不動産業者のみに伝えたい情報や資料の予備などを入れておくことができます。

入居促進費等のインセンティブ対象物件であれば、そのファイルにもその情報をしっかり掲載して案内時に彼らもより一層チカラを入れて紹介してくれることでしょう。

また、資料忘れもカバーでき、不動産業者にとても喜ばれます。

12　感謝する

一番効果があるのは「感謝する」こと

不動産業者を味方にするための、私が考える色々なツールやテクニックをご紹介してきましたが、やはり一番効果があるのは「感謝する」ということです。

人は誰かの役に立っていることを知りたい生き物だと教えていただきました。

不動産業者であれば、大家さんの役に立って感謝されたいと思って日々業務を頑張っています。

「デキる大家」の三種の神器のマインドでお伝えした「NO3D、YES3S」もこの感謝の気持ちが源泉となって出る言葉です。

感謝の気持ちを相手に表現する一番の言葉。

ありがとう

それは、「ありがとう」です。

是非この言葉を意識的に使って、彼らとのコミュニケーションに取り入れていただきたいです。

また、その言葉の効果を最大化する方法があります。

それは、相手の名前も併せて言葉にすることです。

人間にとって自分の名前はもっとも反応するキーワードです。会話の中で自分の名前を呼ばれると反射的に意識します。

そのときにありがとうと伝えることで、相手への尊敬と感謝をより深く伝えることができます。

相手がいるからこそ自分がいるということを認識し人間力を高めることが、プラスの循環を生み出しアナタにとって最幸な結果をもたらしてくれることでしょう。

第6章　オモテナシのココロで入居確率を上げる

1　すべては成約率を最大化するために

アナタだからできるオモテナシのココロで内見者をファンにする

内見者を増やすために、様々なツールを用意しそれらの効果を最大化する心構えもしっかり身につけましたが、これで完了ではありません。ここまで来て成約率が悪ければそれまでの苦労は水の泡です。

ご縁あって内見してくださった方をいかに入居申込み&契約まで引き上げるかに注力しましょう。その確率は、大家さんの努力次第で高めることはできます。

そのキーワードは「オモテナシ」です。

アナタだからできるオモテナシのココロで内見者をファンにし、入居希望者へ育てましょう！

2　オモテナシ必須アイテムを備えよう

ストレスのない内見を実現させる

不動産業者としてお部屋を案内するときにまず気を付けているのが、いかにトラブルなくスムーズに案内ができるかということです。

部屋探しをする方は、ほとんどが初対面の方で相手は私をプロとして見て頼ってきます。ここでつまずくことは心証を悪くしてしまい、結果成約率を下げてしまいます。そのため、過去の色々な失敗、経験から７つ道具を揃え内見に臨むようになりました。

それら７つ道具とは、スリッパ、メジャー、懐中電灯、コンパス、クリップ付バインダー、カメラ、脚立（車に準備）です。

最近では、使用しているスマホの機能でカバーできるようになり、荷物が少なくてすむようになり楽になりましたが、これらアイテムを揃えてスムーズな案内を心がけています。

このようにしっかり準備して内見を実施すると、内見者も安心してゆっくり部屋を見ることができ、結果その部屋の成約率が高くなる傾向が見えてきました。

しかし、ここまで準備して内見を実施している不動産業者はまだ少数派だと思います。

そこで、オモテナシのココロを持った大家さんの出番です。ご縁があって物件を内見してくださった方にストレスなく、少しでも快適に長く見ていただくために大家さんでも準備できるものは現地に準備しておくとよいでしょう。

たかがスリッパ、されどスリッパ

大家さんが内見者をオモテナシするのにまずやるべきことは、玄関にスリッパを準備することです。

これがあるかないかで物件に入ったときの第一印象が全然違います。ただ、スリッパを並べて置くより玄関マットも併せて準備するとより一層印象が良くなります。

「わー、スリッパが準備されている」と内見者は口に出すことはほとんどありません。

しかしこれがボディブローのように効いてきます。お部屋探しは最終的には物件の比較検討になります。

【図表39　スリッパ有無、玄関マット有無】

ハード面や諸条件がほぼ同じ内容であれば、ソフト面がより充実している物件が選ばれます。この大家さんのオモテナシ対応はまさにソフト面の拡充であり、少しでも成約する確率を上げるためにやれることをすべてやろうということです。

冬場の物件案内をする場合は、フローリングなどはかなり冷えます。素足でいたらすぐに冷えが全身をまわり、部屋を軽く見渡して次の物件に移動されてしまうでしょう。スリッパは冷え防止にも役に立ちます。

たかだスリッパ、されどスリッパです。

商品であるお部屋をじっくり見ていただくためにも、しっかりと準備をしておくべきです。

その際、季節を考えて夏冬の最低二種類を準備していただきたいです。

夏の暑い時期に毛深いスリッパや冬の寒い時期にビニール製ではかえって逆効果になってしまいます。

併せてスリッパの清潔感にも気を付けていただきたいです。

使い込まれてヘタっていないか、履く面が黒く汚れてないかを見ている方もいらっしゃいます。

ちなみに私は、使い捨ての新品のスリッパも持参するようにしています。内見者で第三者との使用共有を嫌がる方がいらっしゃるからです。

総じて大したコストはかかりませんが、費用対効果は高いと思います。ぜひ取り入れていただきたいです。

その場で採寸し二度手間を省く

内見者が前向きに物件を検討しだしたときに役に立つのが、メジャーです。

実際に生活をイメージし、持っている家具・家電が入るかどうか、また購入する際の参考データとするために空間の採寸が必要になってきます。

そのときにすぐ現場にメジャーがあればストレスなくスムーズに事が運びます。採寸するためだけに物件を再訪するのは時間がもったいないと思います。

私が賃貸仲介をしていて一番多いのはカーテンの採寸です。二度手間を避けるためにもカーテンそばに案内文書を張るなどして採寸を促すのも大家さんのオモテナシだと思います。

意外と見落としがちなのが建具の幅です。所有物件がコンパクトサイズの建具であればその点も気づいてもらえるようにするとのちのちのトラブル回避になります。

その採寸をするときに注意しているのが、内見者に採寸してもらうということです。

第三者が図った際に誤りがあって、実際の家具家電が入らずクレームになる場合を避けるためです。あくまでも大家さんは善意としてそのメジャーを置いておくというスタンスがよいと思います。

クリップ付バインダーと拡大間取り図

内見のときの様子を想像してみてください。一通り不動産業者の説明を受けた後、内見者はマイソクを片手に部屋中を移動し、自分の確認したいところを見て回っているでしょう。

【図表 40　バインダーと図面】

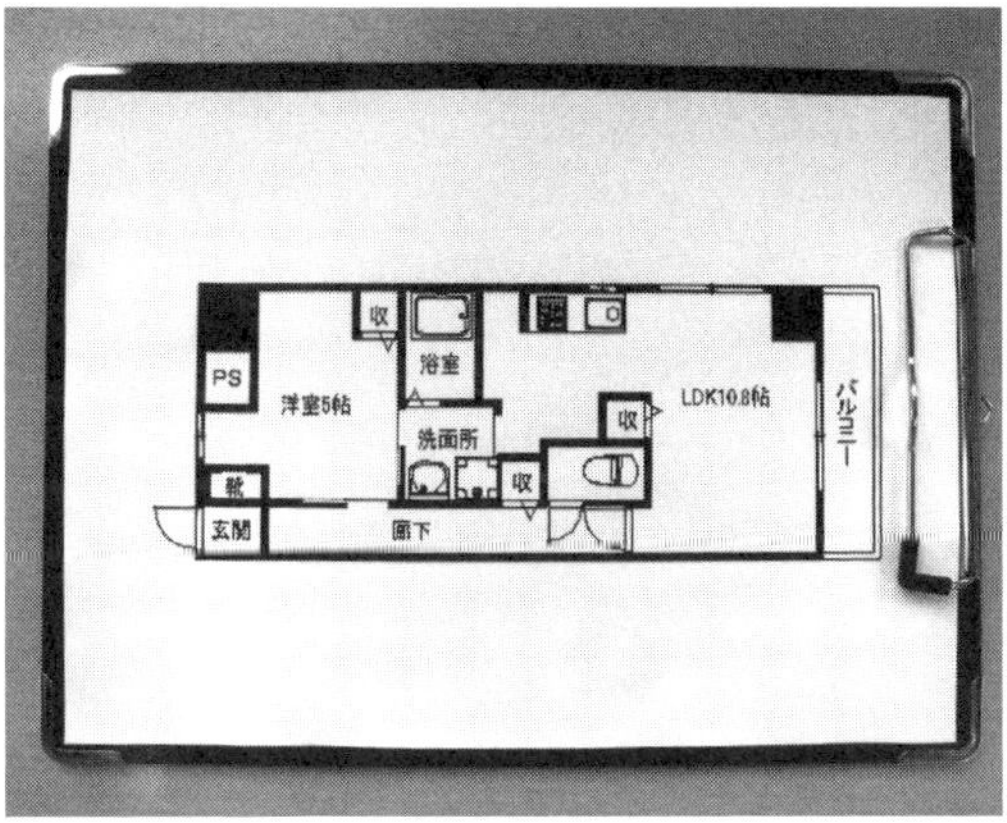

そして、気づいた点や気になったポイントを書いて記録していきます。

しかし、立ちながら書くというのはなかなか大変です。この状況で気持ちよく内見をして、記録を取っていただくのにはクリップ付バインダーが活躍してくれます。

内見者にこれを差し出すと非常に喜ばれます。そして、差し出すバインダーにはさみ込んでおく資料は、バインダーサイズに拡大印刷した間取り図とマイソクです。

その際、拡大印刷した間取り図は図表40のように書き込める余白を準備しておくとよいです。用紙のギリギリまで印刷をする方がいらっしゃいますが、余白をつくることで様々な気づきを記入しやすくなります。

また、個人的な意見ですが、このバインダー資料が現地にあると、スマートでカッコ良いと思っています。現地にマイソクや間取り図が紙ペラで置かれているより、ずっと印象がいいからです。

現地にバインダー資料を数点準備しておき巡回チェック時に補充するだけの簡単作業で実現できるオモテナシ術をお試しください。

コンパス

意外と方角を気にする内見者が多いので準備しておくとよいアイテムです。不動産業者も不案内な場所や建物の中に入ってしまうと方向感覚が掴めなくなる場合もありますので重宝されます。

大家さんがこういうアイテムを準備してくれていると、案内している不動産業者と内見者は確認作業を共にするなどして、コミュニケーションが図りやすくなる間接効果も狙えます。

においの原因対処と消臭剤や芳香剤

部屋に入った瞬間になんとも言えない臭気が充満していたらどうでしょう。

その部屋に対する期待が一気に醒めてしまうことでしょう。そのためにも目に見えないオモテナシとして、においに対して大家さんは敏感になる必要があります。

まず、臭気があればその原因を突き止めてください。

一番多いのが下水管からの臭気が部屋に充満する場合です。日常生活では水道を使いますので発生することは少ないですが、長い間空室で水道が使われていないと、排水トラップと呼ばれる仕組みで重要な役割をしている封水が蒸発してしまって、臭気が部屋に充満してしまいます。

これを防ぐには、封水を切らさないようにすることです。水ですから蒸発してしまうので、蒸発した分の水を補充すること。

もう1つは蒸発しないようにラップで密封して塞いでおくことです。

【図表41　封水トラップの仕組み図】

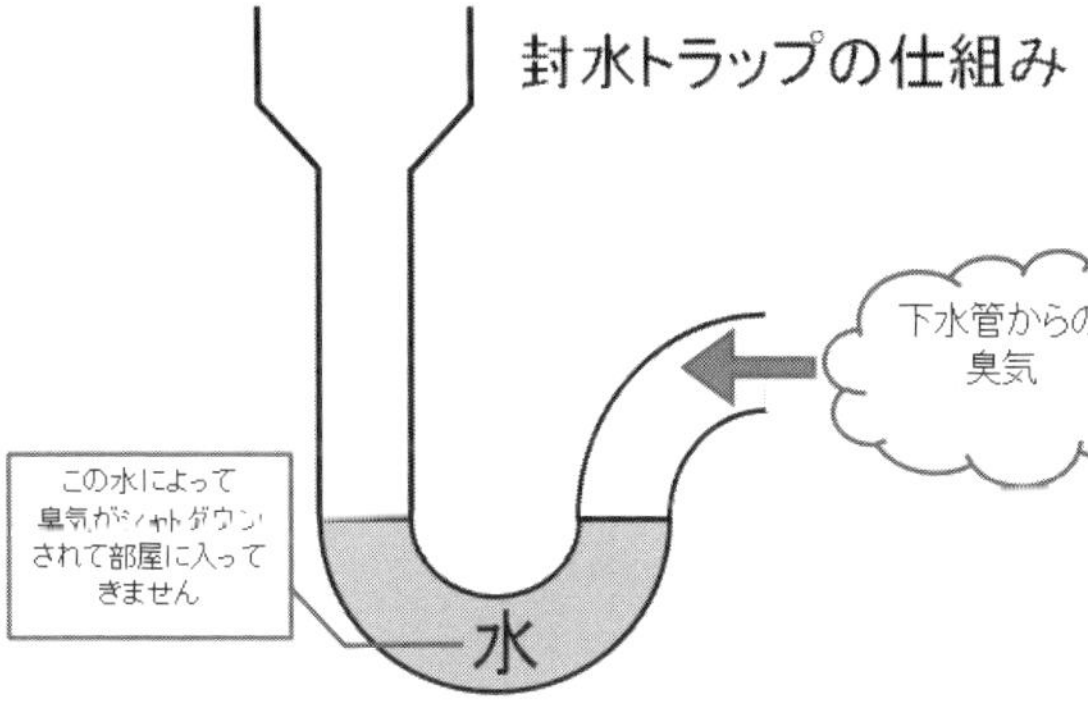

私は清掃を依頼した際に水回りすべてにラップ密閉をしてもらうようにしています。キッチン、洗面所、フロ、トイレ、洗濯パン等ありますので、施工するのであればすべてに漏れがないようにしてください。

根本的解決ができたら、消臭剤や芳香剤を準備して清涼な空間を準備しておきます。

ただ、匂いは人によって好みが千差万別です。なるべく強い香りは避けたほうがよいと思います。

私の場合は、微香的なものや爽やかな石鹸の香りを選ぶようにして、玄関や居室、脱衣所など数カ所に置くようにしています。

大家さんからのウエルカムをアピール

ウエルカムカードというのをご存じでしょうか。

結婚式の披露宴などで名前やメッセージが書かれているカードで、足を運んでくれたゲストに感謝とお礼を伝えるために利用されます。

内見者は忙しい中、またたくさんのライバル物件の中からアナタの物件に足を運んでくれました。

まずは大家さんとして「お越しくださりありがとうございました。どうぞごゆっくりご覧になってください」という感謝とお礼を伝えることが大切でしょう。

ただし、いつも大家さんが内見現場に立ちあえるわけではありませんので、ウエルカムボードを作成し現地に準備しておくとよいでしょう。思っているだけでは相手にその気持ちは伝わりません。

オモテナシのココロをしっかりと内見者に見てわかるようにすることが大切です。

【図表42　大家ウエルカムボード】

空きスペースがあれば、マイソクや地域情報案内チラシを貼るのもよいでしょう。

またインパクトが強いのは大家さんの顔出しです。

お部屋案内時に大家さんてどんな方ですか？　と聞かれる場合もありますので、そういう不安も払拭できます。

同時に、大家さんの顔や物件に関する思いを掲載することで、より安心感や良い印象を与えてくれます。

顔出しが難しいという場合は、似顔絵や加工した写真を使うのも１つの方法です。

ＰＯＰ（ポップ）

大家さんからのウエルカムな受入体制もご理解いただき、ゆっくりじっくり部屋を見ていただく段階に入りました。その際お部屋にＰＯＰがあると、よりたくさんの情報提供や良い印象を与えることができます。

ＰＯＰは、よくスーパーや量販店に行くと商品のそばに表示されていて、色々と説明文が書いてあり、商品の魅力をしっかり伝えるアイテムです。販売促進のためのものですが、効果があるから彼らも時間割いて作成し、売り場で使っているのです。

ＰＯＰの利点は説明補足だけではありません。

もう１つの素晴らしい利点は、情報の伝え漏れを防ぐことができます。

内見に同行する不動産業者は新入社員の場合もあります。業務自体に慣れておらず気が焦ってしまい、大家さんとして伝えて欲しい物件の強みや特徴をアピールし忘れてしまう場合があるのです。

私も当初その失敗をした経験を持っているからよくわかります。口下手な不動産業者だったとしても、このＰＯＰがあればそれ自体が物件の魅力を存分に語ってくれます。

また、前述したように、内見者が安心してゆっくり部屋を見ることができると、結果その部屋の成約率が高くなる傾向あります。この点でもＰＯＰが役に立つでしょう。

そんなＰＯＰですが、色々なつくり方があります。よく目にするのが印刷した用紙をラミネートでパウチし、切り取って作成、使用するタイプです。設備の特徴を簡単な文章やイラストを配置して表現します。

図表43の例では、防犯性が高いということをアピールしつつ、ディンプルキーはどんな鍵なのかをわかってもらうように写真を入れています。一般の方にはディンプルキーを知らない方もいらっしゃるので、理解度を深めてもらうための配慮です。

【図表43　ディンプルキー・ラミネＰＯＰ】

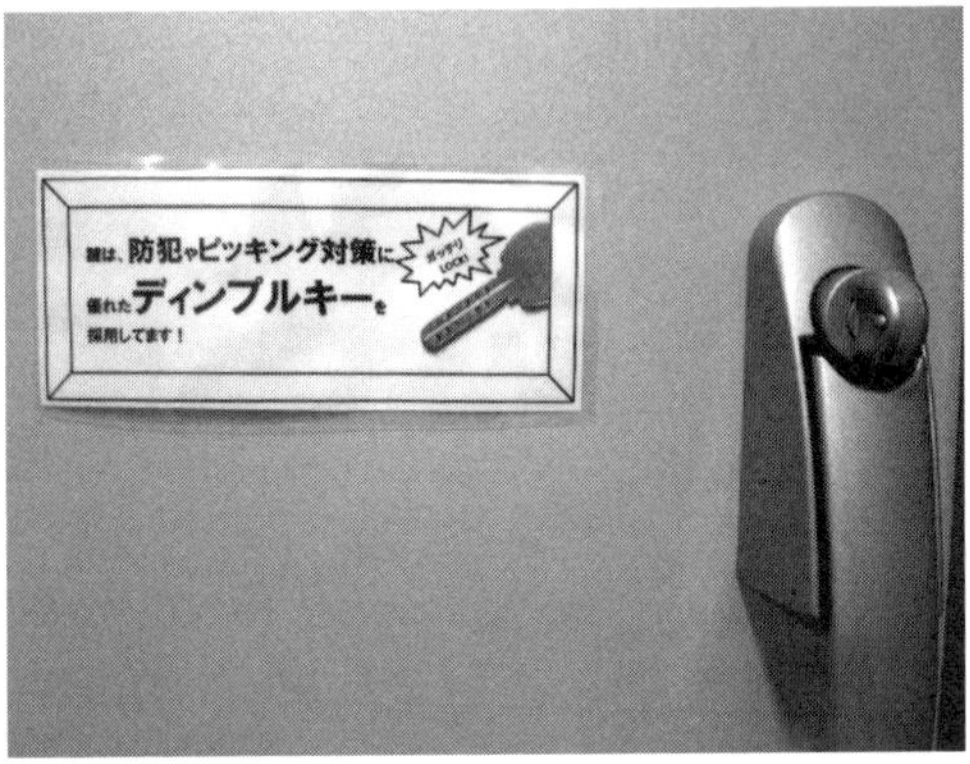

ここ最近では、クラフト紙やカラーペーパーを使って手書きＰＯＰも使用するようにしています。手軽に簡単でつくれて、かつコストが抑えることができるからです。

ラミネートされたしっかりしたものをつくらないといけないと思っていましたが、実際つくって部屋に貼ってみると、思った以上に良いでき栄えで内見者にも好評でした。

その際、注意してほしいのがＰＯＰに書くキャッチや文言です。

「マイソクを自作してみる　キャッチコピーで思いを伝える」のところに書いた通り、エアコンですとか、和室ですとかはダメです。

「だからなに？」の質問で書き込む内容を深堀していただき、より魅力が伝わるようにされるとよいでしょう。このＰＯＰ作成は簡単にできる費用対効果が高い方法です。

早期成約に向けてＰＯＰを使って設備や仕様の良さをどんどんアピールしていきましょう。

【図表 44　エアコン・手書きクラフトＰＯＰ】

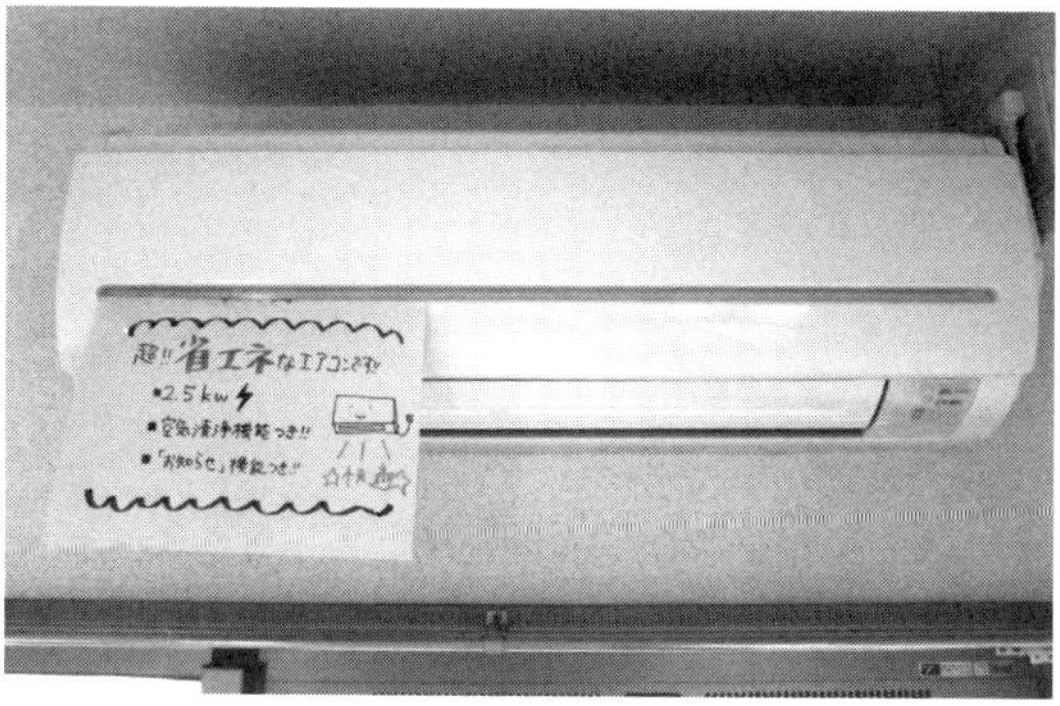

【図表 45　壁紙・手書きクラフトＰＯＰ】

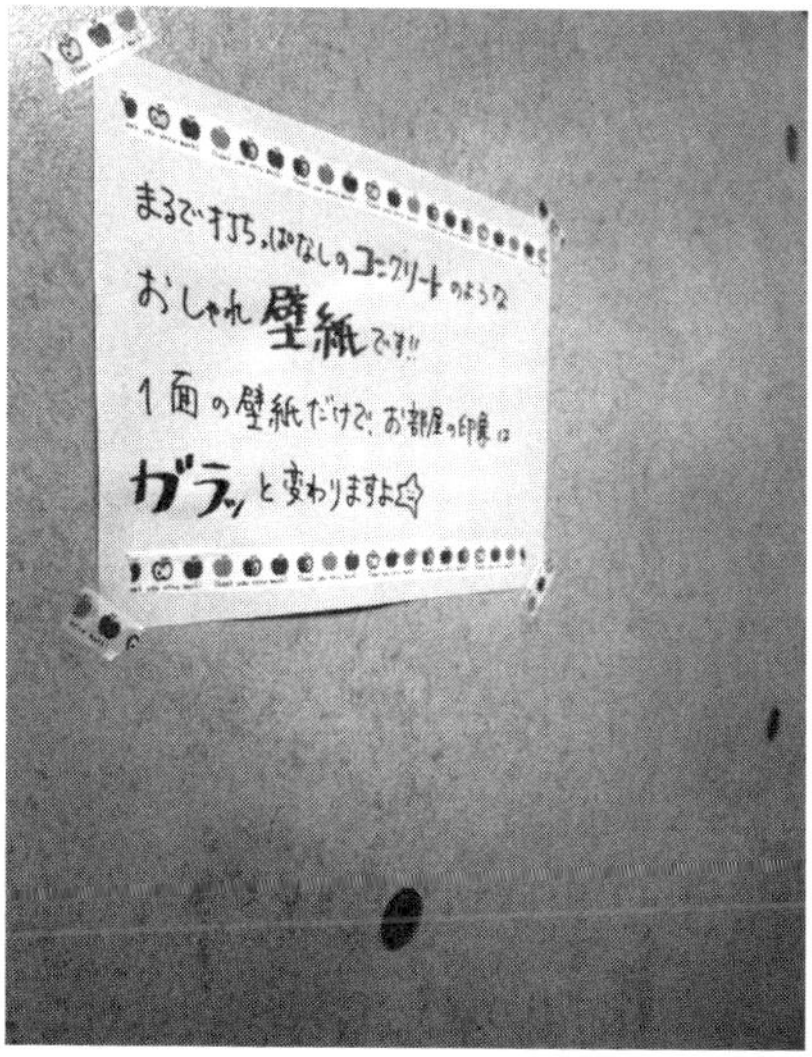

3　大家さんでもできる！　いろいろなオモテナシ術

①インパクト大！　1日の流れをギュギュっと伝えるタイムラプス撮影とは

お持ちの所有物件が日当たりもよく、物件の強みだと考えているのなら、その点をもっとしっかりアピールするのが良いです。

そこでおすすめしたいのが、タイムラプス撮影というテクニックです。

タイムラプス撮影。初めて聞くという方も多いかと思いますので、ちょっとご説明します。

別名インターバル動画とも言われ、一定間隔で撮影した写真を連続再生し長時間の事象の変化を短時間で表現できる技法です。

簡単にいうとパラパラマンガの手法で、10時間の様子を1、2分程度に縮めて再生します。

このタイムラプス撮影が大家さんやエンドユーザーにとってどう有益かというと、その物件の一日の明るさの変化や日光の入り具合を余すところなくしっかり情報公開できることです。

大家さんにとっては、物件の優位性を今までにない表現方法でアプローチできますので非常にインパクトが強いです。エンドユーザーにとっては、内見した時間以外の明るさや日当たり状況がわかるため、より一層物件のことを詳しく知ることができます。

【図表 46　タイムラプス撮影による部屋の日当たりの変化】

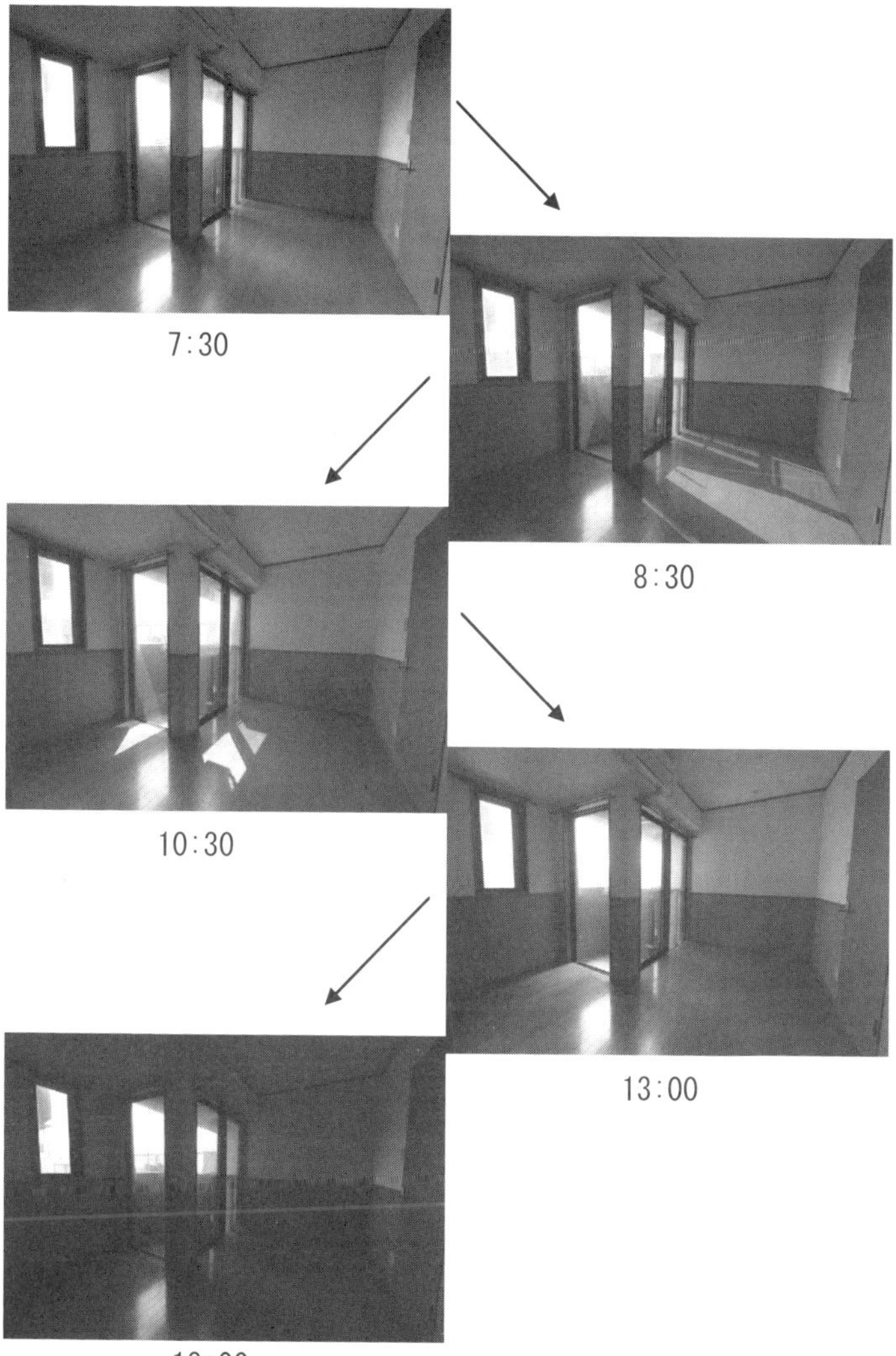

実際この動画を友人や知人に見せたところとてもわかりやすくてよいと大好評でした。

図表46のこのタイムラプス撮影は、朝7時すぎから約12時間現地に設定し、２０００枚を超す撮影を行いました。

このライムラプス撮影は機材さえ揃えれば難しいことはそう多くありません。とてもインパクトのある撮影方法だと思うので多くの大家さんに方法を知っていただきたいと思います。

タイムラプスの撮影手順を一挙公開　準備撮影編

私がタイムラプス撮影をしている実際の手順を通してその方法をご紹介します。

◇タイムラプス撮影に必要なアイテム

・一眼レフカメラやミラーレスカメラ
・シャッターリモコン
・ＡＣアダプター
・大容量記録メディア
・三脚

◇タイムラプス撮影、セット方法

タイムラプス撮影は基本的に定点から時間差で撮影をしていきます。

そのシャッターが切れる時間を設定制御するのがシャッターリモコンの役割です。

【図表47　リモート部分（左）とシャッターリモコン（右）】

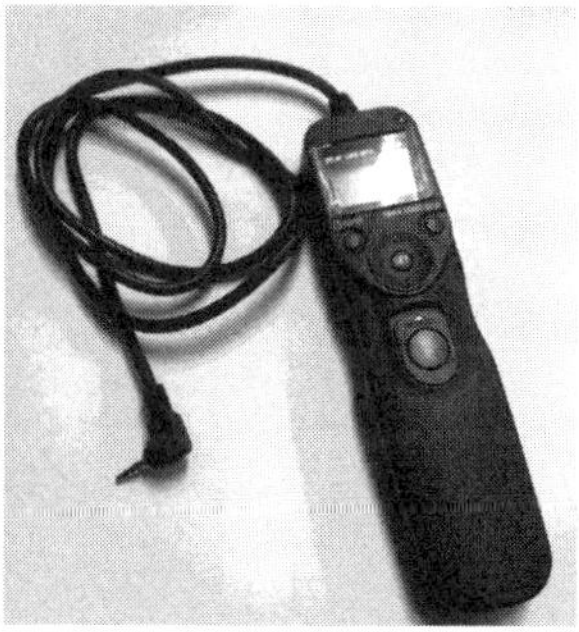

シャッターリモコンは、ネットで「シャッターリモコン　お持ちのカメラの品番」を入れて検索すると対応するものが探せます。ちなみに私が購入したのは、インターネット経由で２０００円もしませんでした。

まず、定点撮影する場所に三脚を設置し、カメラを備え付けます。その際長時間撮影するので途中でバッテリー切れしないようＡＣアダプターに変更しておきます。

シャッターリモコンですが、シャッターを切る間隔の時間（何秒に1枚撮影するか）と撮影枚数を設定します。

私は最終的に1分程度のタイムラプス映像にしたいと考えていますので、逆算し20秒に1回シャッターが切れるように設定しています。撮影枚数は無限大にしています。

設定が終わったシャッターリモコンは、カメラ本体のリモート端子部分に接続します。

これで準備完了です。

あとは、シャッターリモコンのスタートボタンで撮影を開始し、完了までそのままの状態で放置します。

【図表48　ムービーメーカーでの写真一覧】

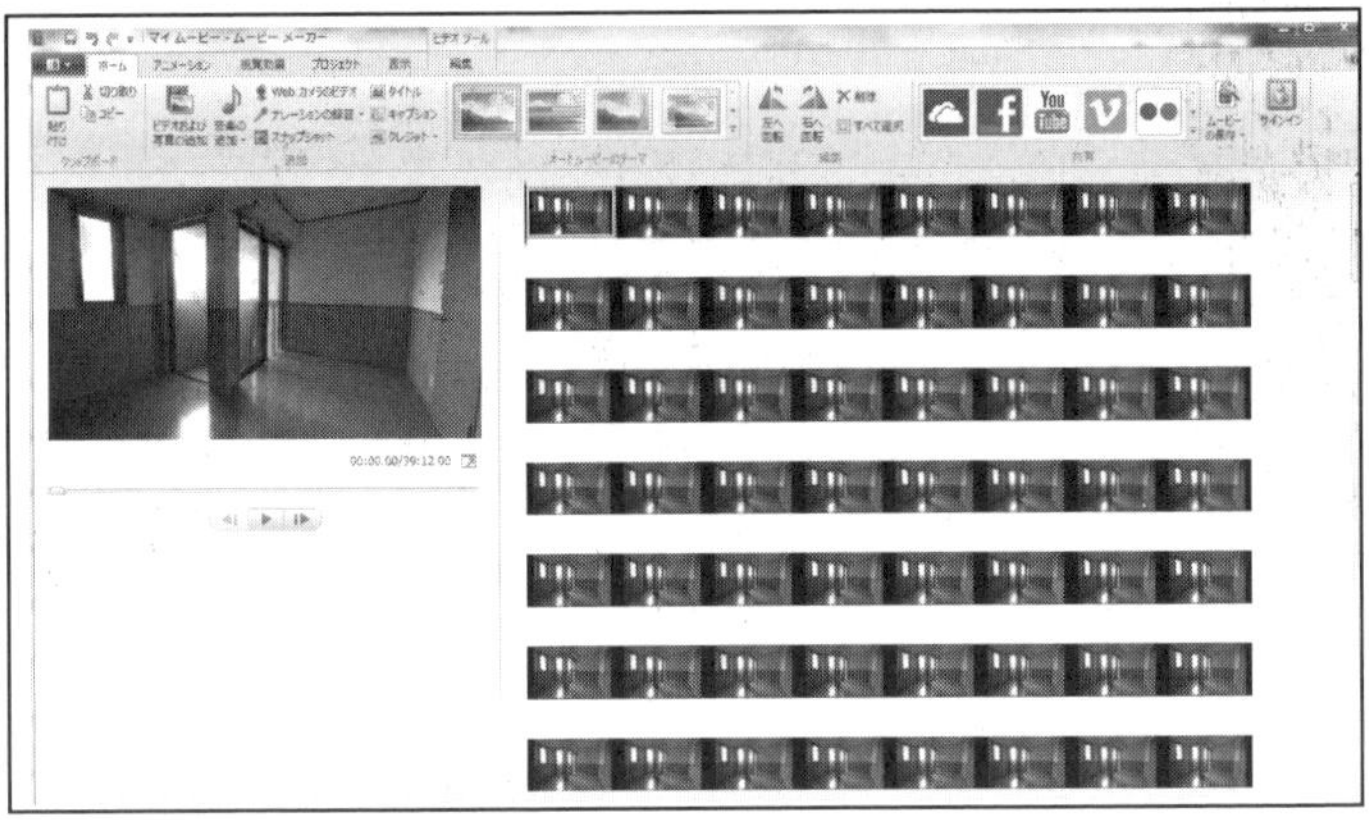

写真をタイムラプス映像に仕上げる

　最後に撮影した写真を編集し、タイムラプス映像に仕上げます。

　この際気を付けていただきいのが、一度に大量の写真をデータ処理をしようとすると、エラーとなる場合があることです。私のパソコンの性能不足だったかもしれませんが、５００枚を超えて作業しようとするとエラーになりました。そのため、数回に分けて作業し、出来上がった映像を最終的につなげて１本のタイムラプス映像として仕上げました。

　使用ソフトは先ほども紹介したムービーメーカーです。起動させ撮影した写真をドロッグ＆ドロップで入れていきます。

　図表48の画面は、３３６枚の写真を入れています。どの写真でもいいので右クリックをして、すべて選択で３３６枚すべてを選択します。その状態のままで画面上部にある編集のタブを押し、再生時間を確認します。

【図表 49　再生時間７秒（上）と 0.03 秒（下）の写真】

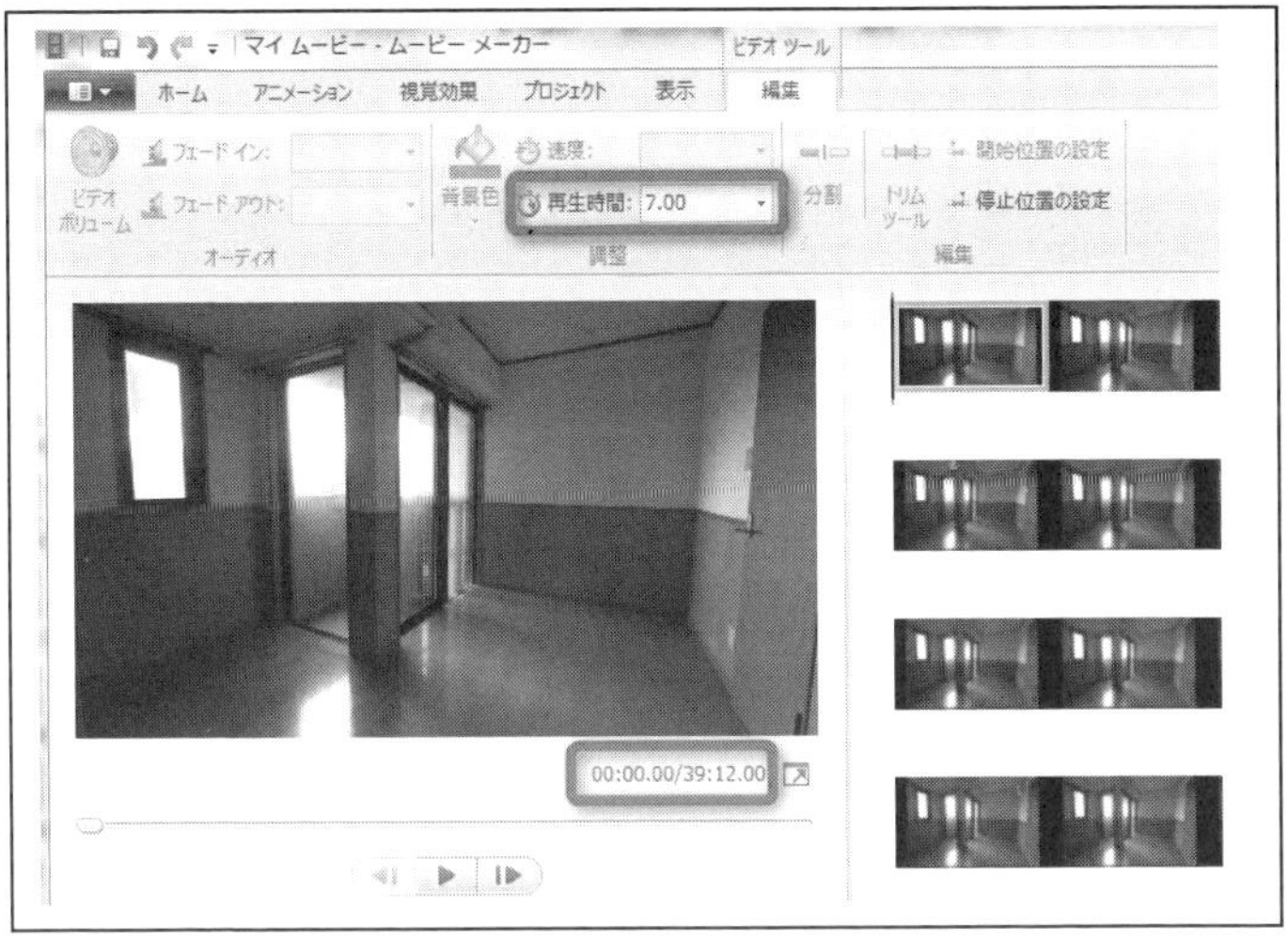

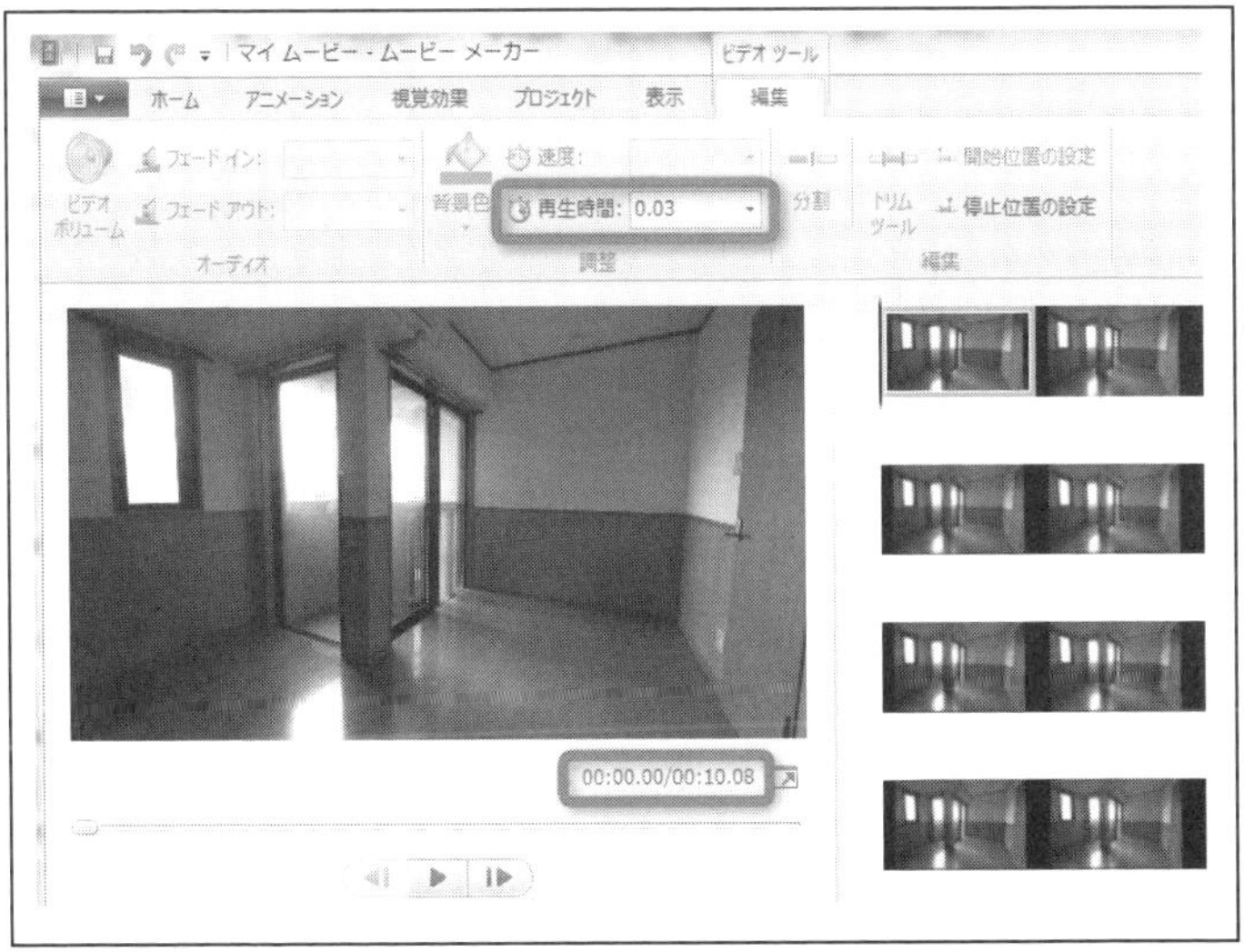

【図表50　ムービーメーカでのデータ保存画面】

再生時間は初期設定で7秒となっていて、336枚を7秒再生すると39分12秒の表示がされています。この再生時間を7秒から0・03秒に情報変更します（図表49）。

そうすると、39分12秒から10秒08という表記に変更されます。

これは、1枚あたりの再生時間を大幅に圧縮したので全体の再生時間が短くなったのです。

短縮した映像データは最終的に他の映像データと繋げて仕上げるため一度保存しておきます。データ保存をムービーの保存、コンピューター用で保存します（図表50）。

その後も、同じ手順ですべての写真を映像データに変換していきます。その際、撮影した順番を崩さないように注意しています。順番が入れ違うと連続性が途切れチグハグした映像データになります。最後は、一時保存していた映像デー

【図表51　作業した映像データをつなげる】

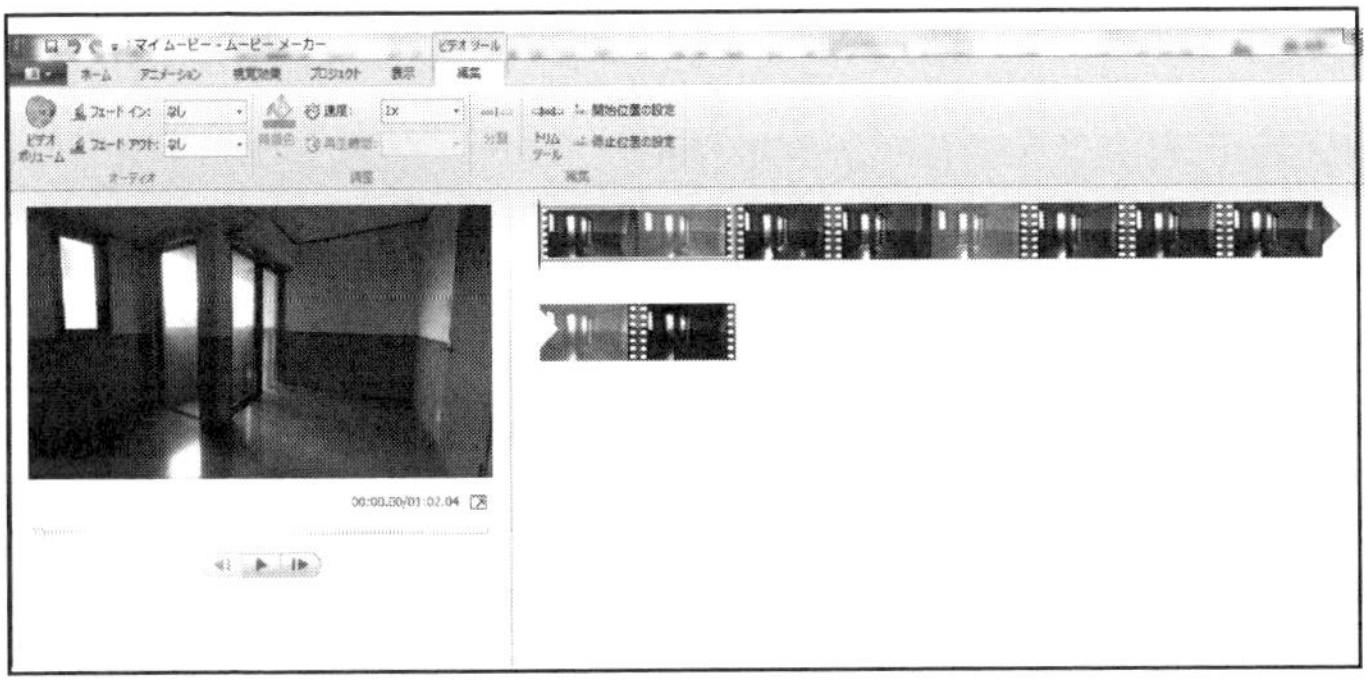

タを順番ずつ配置しムービーの保存で完成です（図表51）。

２０００枚を超える写真が、約1分の映像データとして仕上がりました。

初回は、機材準備、撮影、編集それぞれの工程が必要で確認しながらの作業となるでしょうが、２回目以降はスムーズにすみます。

また、機能としてタイムラプス撮影があるカメラもありますし、スマホアプリで撮影も可能になってきています。いろいろなタイムラプス撮影方法があると思いますのでご自身が一番やりやすい方法で取り組まれてください。

丸一日をギュギュっとまとめて伝えることができる新しい情報発信としてぜひ活用してみてください。

②入居希望者に壁紙を遊んでもらう

空室対策で壁紙張替のリフォームが必要であるならば、入居希望者に好きな壁紙を選んで貼ってあげるサービスとして入居率を高めるという手段もあります。

たった数日の滞在なら気にならないのでしょうが、数年間自分の生活の拠点となる住まいの壁が味気ない白一色より断然面白い空間になると思います。

どうせ同じ作業、同じコストであれば顧客満足度を高めることができることをしたほうがいいと思います。

また、このサービスには、満足いく空間であれば長く住んでもらえるという別のメリットも期待できます。物件の強みとして訴求できるポイントが増え、ライバル物件より優位性が保てることです。

私自身、このサービスを取り入れたわけは、自身の物件でのこんな経験があったからです。

空室対策でリビングの壁にデザイン性と特色を持たせるためアクセントクロスを施工しました。マイソクや内見時に施工したアクセントクロスをアピールポイントとしてしっかり伝えていました。

2部屋が空室でそれぞれ違うアクセントクロスで仕上げていました。そして、入居申込となったのですが、施工してあるアクセントクロスをもう1つの部屋の物に変更してくれと要望があったのです。

気持ちよく住んでいただくために対応し、無事契約となりました。このことから、壁紙は入居者さんに選んでもらったほうが良い結果につながると感じました。

管理物件でもそのサービスを取り入れてもらい、入居申込者に壁紙を選んでいただく（図表52）

ととても満足していただけ長期入居に繋がっています。

ただし、このアクセントクロスを入居希望者と選んだ際学んだことがあります。壁紙見本帳を一緒に見るのですが、色々ありすぎて目移りしてしまいなかなか選べなかったのです。

この経験を元に、部屋のターゲットやコンセプトを絞って、あらかじめ選べる壁紙を数種類用意し、サンプルを壁に貼っておくようにしました。

【図表52　入居者が選んだアクセントクロス】

【図表53　９種類のアクセントクロスサンプル】

基本このサンプル（図表53）の中から選んでもらいますが、要望があれば壁紙見本帳からも選べるように対応しています。

③エントランスドレスアップ

ドレスアップというと凄い響きですが、エントランスのなにもない殺伐とした空間を少しでも見栄え良くしようという試みです。

建物に到着し目的の部屋に行く過程でもオモテナシのココロが伝えられると素晴らしいと思います。

ある物件の大家さんからエントランス部分をコストをかけずにドレスアップできないか相談を受けました。エントランス付近に花を植え空間を彩る等いろんなオモテナシの方法がありますが、対象の物件はそのようなことができる余裕スペースが一切ありませんでした。エントランスもかなりな狭小空間でしたので、活用を考えたのが壁でした。

この大家さんに提案したのは、壁に張れるグリーンウォールを自作することでした。
その大家さんも協力的で、どうせやるならコストを可能な限り抑えて、他の大家さんでも再現できるようなものをつくってみようということになりました。

【図表54　お手製のグリーンウォール】

そうやってローコストで完成したのが、このＤＩＹグリーンウォールです。総額９００円ほどでした（図表54）。完成までの日数は2日、トータルの作業時間は１時間ほどの作業量です。

量販店で買った45センチ角のベニア板に枠用細木を斜めにカットし木工用ボンドで貼付け、ライトグリーンの色を塗り1日乾燥させ下地が完成します。

あとは、１００円ショップで買い集めたフェイクグリーンとフラワーをバランスと色合いを見ながらレイアウトし、ＤＩＹ用ハンドタッカーで固定させます。

完成品を購入するのももちろんよいと思います。

しかし、素人大家さんでもこのレベルぐらいはすぐにつくることができます。また、自分でディスプレイする植物を入れ替えて、季節感を出すオモテナシをコストを掛けずに実現できます。

この大家さんは自分でもできたことで自信がつき、次はもっと大きいタイプをつくると意気込んでいらっしゃいます。

このように大家さん自身でできることが増えていけば、自然と物件の価値は上がってきます。入居者を引き寄せる大切な要素が1つでも増えることは喜ばしいことだと思います。

【図表55　グリーンウォール作業工程】

第7章　賃貸経営の現場から退場しないためにも

1　ピンチから立ち直る

90日で念願の満室御礼

退去予告が重なり入居率１００％が37・５％に急落し、一気にピンチに陥りました。

本当にあのときは目の前が真っ暗になりました。しかし、これまで書いてきたことをできるところから取り入れ実践していき、不動産業者のチカラを借りながら約90日で満室にすることができました。努力だけでなく運がよかったということももちろんあるでしょう。

しかし、その運を引き寄せたのもできることを実践したからだと強く感じます。あの怒涛の経験があったからこそ、今の満室経営を維持する基盤ができたといっても過言ではありません。

賃貸経営はチーム戦であるということや、大家さんとしてなにができるかを考え実践することの重要性を知ることができました。

入居者の入れ替わりはありますが、お陰様で満室経営を維持できています。ちなみに今の入居者の平均入居期間を計算してみると3年2か月でした（平成26年11月時点）。第1章でも説明したように、決して良い立地ではありません。

ご縁あって入居してくださっている方がいて、その入居者の方々のお蔭でこうやって賃貸経営の安定化が図れていると思うと本当に感謝の言葉しかありません。

同時に彼らに対して安心安全はもとより、もっと快適にストレスのない住環境を提供するにはどうしたらよいだろうか、自然とそのようなことを考えるようなってきました。

この章では、私が目指していきたい理想の賃貸経営やこれからの大家さん像について説明していきたいと思います。

アウトソーシングの罠

賃貸経営はアウトソーシング（外注）が進んだ業界であり、それはとても素晴らしいことだと思っています。アウトソーシングできることで自分の時間を持つことができ、やりたいことに時間と意識を注力することができます。時間という平等でかつ一番貴重な資源を有効活用できるのは、賃貸経営の魅力の1つでしょう。

ただし、アウトソーシングしても事業の最高経営責任者として認知、判断する当事者意識をしっかりと持つべきだと強く思います。

しかしアウトソーシングのメリットだけが先行し、すべてを不動産業者に丸投げしてしまっている、いわゆる知らぬ存ぜぬ大家さんがまだ多い現実を目の当たりにすると、とても心配になります。

賃貸経営は事業であり、様々な経験を通して事業者のレベルアップが図られ、より良いサービスの提供がなされます。それが利益を生み出し、事業を継続して続けていけるサイクルを生み出します。

丸投げにしているということはその貴重な情報や経験を自ら放棄し現状維持していることになります。現状維持だから問題ないという方、その考えは危険です。

アナタは現状でも、ライバルは生き残るためにレベルを上げていきます。ライバルとの差がどんどん開き、競争力を失い、空室が多くなります。

私は業界未経験でした。だからこそ、体当たりで行動、実践しそのときの情報や経験を糧に満室経営が実現できました。

もし、5部屋の退去予告が出たあの状況で、受動的な考え方で自ら行動することなく、いつか決まるだろうとのんびり構えていたら、こうやって大家さんを続けていられなかったことでしょう。

これも、サラリーマンを辞め、自営業者として自分でお金を稼ぎ出すという意識から様々な勉強や経験を積ませてもらったからだと思います。

2　マネをする

進化する秘訣　ＴＴＰを使う

色々な学びや経験がある中で、強烈な影響をもらった方がいます。師匠の1人である下川浩二さん、通称しもやん。経営者として、人として本当にいろいろなことを学ばせていただいています。

その学びの中で特に感銘を受けたものが、ＴＴＰです。

ＴＴＰは、「徹底的にパクる（Tettei Tekini Pakuru）」の略です。

成功している、良いと思えるものをパクりまくって取り入れて成長・進化しよう！　ということです。パクりというと抵抗がある方がいらっしゃいますが、要はマネをするということです。

マネをしていくと、自分が面白いぐらいどんどん成長していきます。小さい頃ひらがなを覚えるのに、ドリルでなぞってマネして書いて上達していったでしょう。あの感覚です。

私も最初はなにもできませんでしたが、このＴＴＰ精神で尊敬する先輩大家さんの良いところやセミナーで学んだことをまずできるところからマネて実行して、少しづつカタチにしていきました。

まさにＴＴＰは成功に導く方法の1つなのです。

そんな効果絶大なＴＴＰですが、効果がでないと嘆いたり投げ出してしまう方がいます。それは、カリスマや凄い人の特別な部分をマネしようとした場合や嫌々マネをしようとしていたときです。

その人だからできること、つまり再現性が低いことをマネようマネようとしても、そう簡単にはできません。また自分の物にするには何度も何度も繰り返す必要があり楽しくなければ続きません。

このようにマネ方を間違うと全然効果を発揮しないことがありますのでご注意ください。

本書の中で数多く紹介した事例は、誰にでもマネができて再現性が高いものになっています。

まず、できることからマネて自信をつけるのも、これからの大家さんとして必要なスキルだと思っています。

3　賃貸経営を成功させる秘訣

役割の明確化が絆を強める

賃貸経営を成功させるためには、不動産業者を味方につけることが重要です。

大家さんが物件HPで入居者募集をする時代の風潮もありますが、やはり集客のほとんどの部分は不動産会社経由です。

彼らの職場環境や現場での立ち位置を少しでも大家さんが理解することができれば、より両者の関係性は良好になり、winwin の関係が築けます。

この大空室時代は、プロである不動産業者も未だ経験したことのない時代であり、お互いが同じビジョンを共有し足りないところを補いながら前に進むスタンスが求められています。

不動産業者として大家さんとして、両方の目線からそれぞれの立場を私なりに考察してみました。

大家さん

賃貸経営最高責任者として、物件に関するあらゆる情報を収集・保持し、それを関係者に正確に素早く情報提供する。またフィードバックされた情報を分析し経営戦略を組み立てる。併せて不動産業者のサポートも行います。

不動産業者

宅建業法等の法令順守し、大家さんに替わる実行部隊として、不動産広告及び案内、不動産媒介契約、管理委託に基づく折衝対応を実行し、それらを大家さんへ徹底した報連相をします。

お互いがこのような想いで役割を全うできれば、より強いパートナーシップが発揮できると考えます。

4　情報に強くなる

大家さんはもっと情報を活用しよう

大家さんは、賃貸経営において情報の取り扱いで全く違う結果になる事業であることをしっかり認識してください。表現1つで集客の反響が違ったり、適正な情報発信が出来ていないばかりにファンや顧客の信頼を失ってしまう場合があるからです。

また4つの経営資源の1つに「情報」があるように、大家さんにとって担うべき役割は、賃貸経営に関する情報の管理・活用・発信といえるでしょう。とはいえ、難しいことではありません。

建物、部屋、入居者、それぞれの情報をしっかり大家さんが把握しましょうということです。

必要に応じて不動産業者に集客を依頼や空室対策の戦略・戦術を立てたり、日々貯まる色々な情報を管理し、いつでも使いやすいようにしておくことが大切です。

なぜなら不動産業者は大家さんの決定事項を実行することに長けています。しかし、知らぬ存ぜぬ大家さんはすべてを不動産業者に丸投げスタンスで、非常にパートナーシップを発揮しづらいからです。大家さんは彼らが動きやすいように音頭を取る役ですから、指示を出すためにも効率の良い情報管理が必要なのです。

私はもともとそういう情報管理はとても苦手なタイプでした。どこになにを整理するのかを決めることすら悩んで、結局やらずになにも片づかず、必要な情報を必要なときに引き出すことができませんでした。

しかし、顧客会員数が１００万人を超えている企業に勤めることで、自然と情報管理の考え方を身につけられました。

賃貸経営をやっていると本当に色々なことがあります。

物件の定期清掃の実施や清掃の記録、リフォームした部屋のビフォー&アフターやコスト記録、毎月家賃の入金管理、２か月に一度請求&集金する水道料金、入居者からの修繕依頼内容等。そういった様々なことを漏れなく管理できるようになり大家さんとしても自信がついてきました。

大家さんは忙しい！　だからこそデジタルで情報管理と活用を

情報は集めて管理するだけでは宝の持ち腐れです。その情報は活用し発信するなどの再利用をしてその効果を最大限に発揮します。

空室の情報があり、その情報をただ大家さんが囲って持っているだけではなにも生まれません。不動産業者に対し空室情報としてマイソクやメールを発信し、エンドユーザーに対し物件ＨＰで情報発信することで情報は活用され、価値が出てきます。

しかし、この活用するときに手間や時間がかかってしまうのが難点です。マイソク、物件ＨＰ作成や更新、不動産業者へのメール等それぞれをカタチにしようとするのであれば、それぞれの作業が必要です。正直不動産業者の私でもすべてを個別にこなすのは非常に大変です。

サラリーマン大家さんや兼業大家さんであれば、本業以外にこれらをこなすとなると尚更大変だと思います。時間がいくらあっても足りないでしょう。

5　デジタルのチカラを利用する

ワンソースマルチユース

大家さんが積極的に、しかも手間をかけずに情報を活用するには、どうすればよいでしょう？それを実現させるためにはデジタルのチカラが必須だと思います。

ワンソースマルチユースという言葉を聞いたことがあるでしょうか。

１つの情報源にデータを入力し色々な目的や方法で利用する方法です。それぞれの作業が必要なくなり、１つ共通した作業だけで成果が出せ、手間と時間を一気に省けるようになります。

【図表56　データベースへの登録情報入力画面】

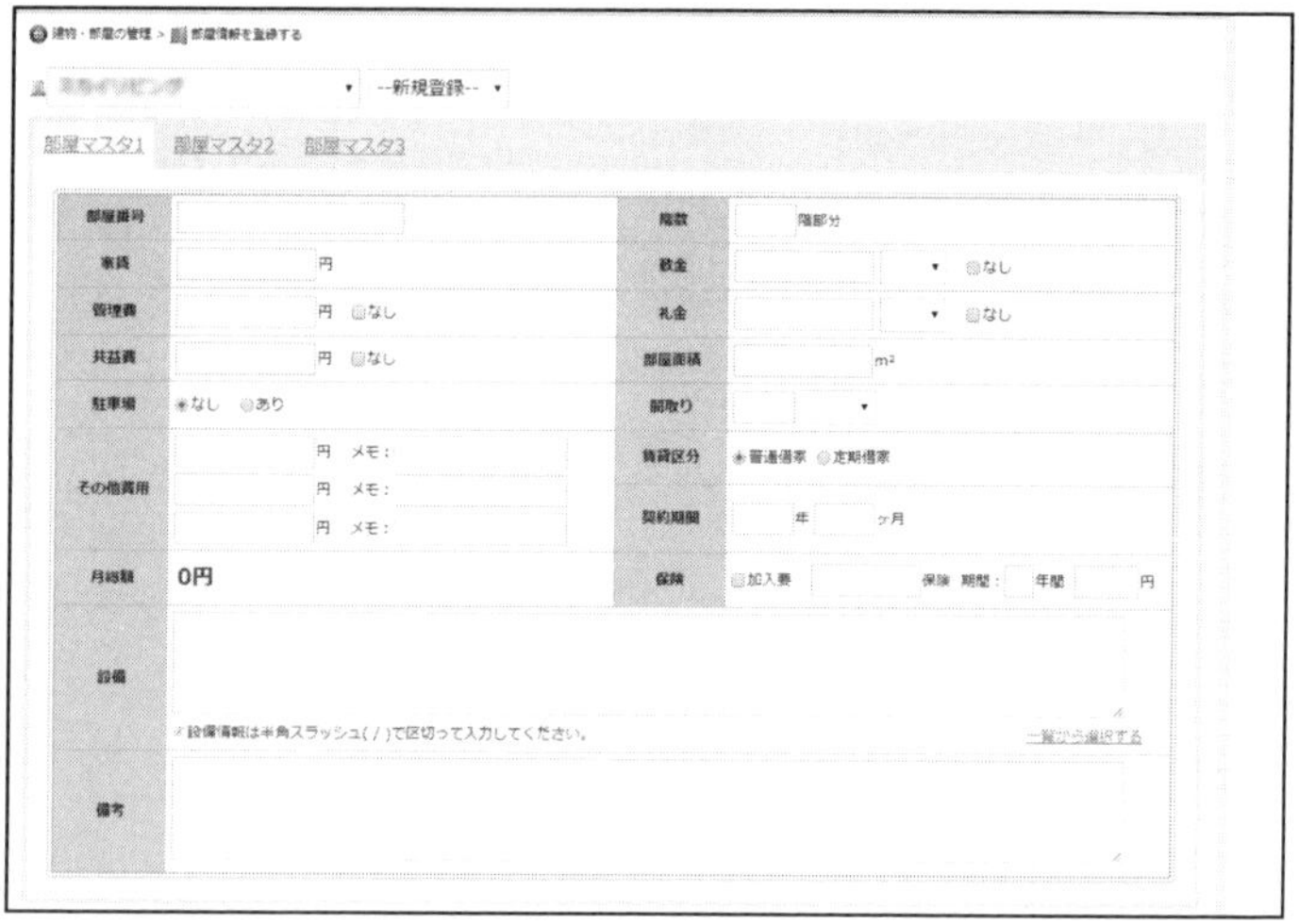

私は、データベースと呼ばれる大元に、建物情報、部屋情報、不動産会社情報等を一度入力登録します。そして、登録した情報を基に、マイソクとして出力したり、定型レイアウト型の物件ＨＰを作成したり、不動産業者に客付依頼メールを送信できるようにデータを再利用します。

図表56は建物や部屋の情報を入力する画面です。決まった項目に情報を入力したり、写真をドラッグ＆ドロップで入れていくだけなので、データ入力がシンプルで、誰でもできるようになっています。

また、部屋にある窓や収納の寸法、設備のメーカーや品番などを入力できる項目も備わっています。

マイソクは出力したいレイアウトや写真を選んでキャッチコピーを決めるだけで出来上がります。物件ＨＰの場合もレイアウトを選び公開する

【図表57　不動産業者へのメール一斉送信画面】

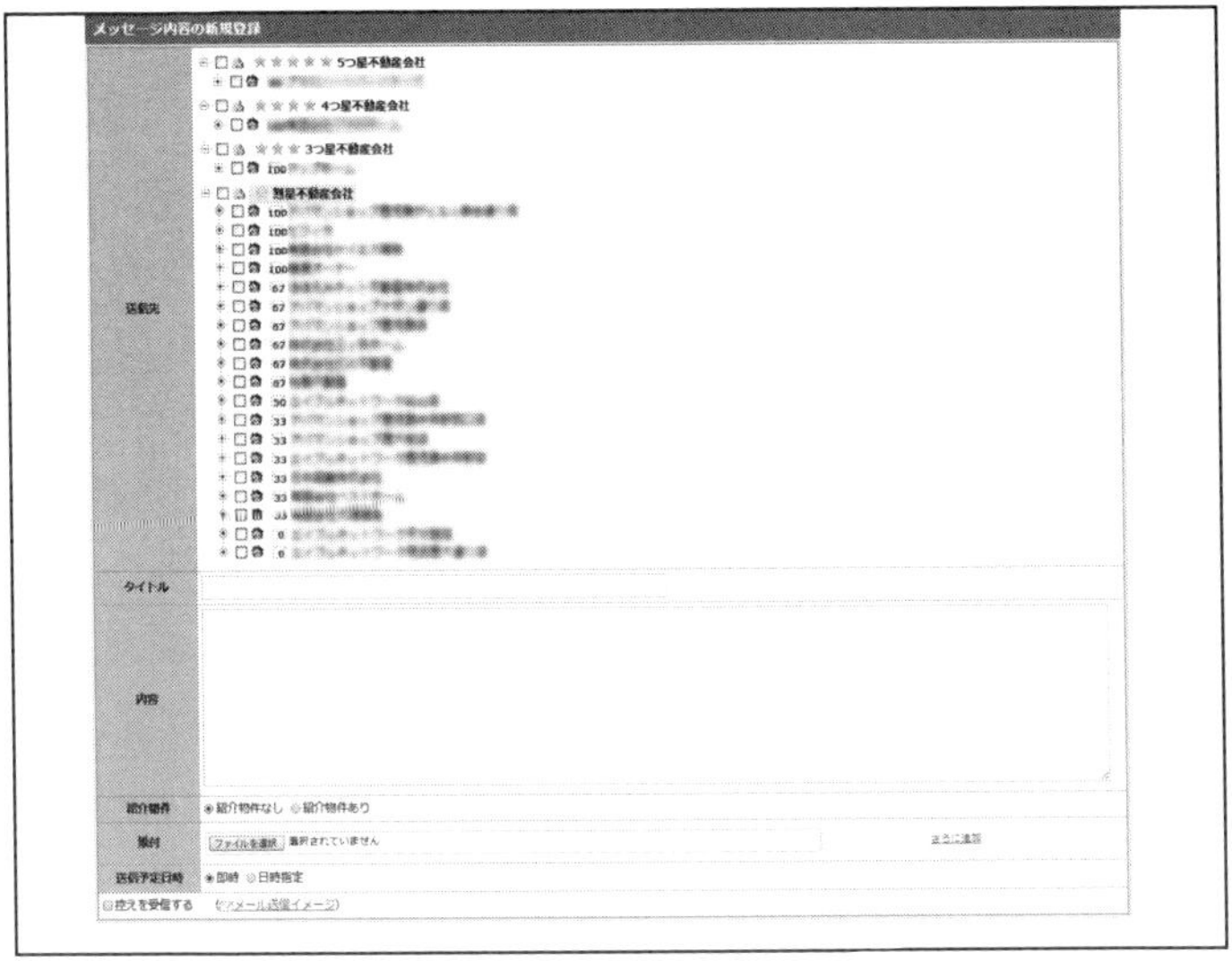

建物や部屋を選べば完成します。写真以外にも全天球イメージや動画も公開できます。

不動産業者へのメール送信も、一度登録しておけば一斉送信が可能です。送信するか否かのチェックを入れるだけの簡単操作です（図表57）。

客付依頼のメールであれば、物件写真がダウンロードできるデジタルマイソクが送信されるようになっています。

このデータベースを利用するまで、日々貯まる情報はノートやエクセルで管理、写真はパソコンのフォルダに管理と情報が散らばっていて必要な情報を探すのにも一苦労していました。

導入後は写真をはじめ、見積もりをなどの必要書類をスキャンしすべてこのデータベースに入力するようになってからは、パソコンやスマホを使ってすぐに情報を引き出すことができ、情報の一元管理のメリットを改めて感じます。ただし、デジタルも完璧ではありません。ご自身でもデータのバックアップは必要です。

大家さんは本当に忙しいと思います。これからの情報管理の1つの手段としてこのようなデジタルシステムのチカラを利用するのもおすすめします。

6　大家さんとしての熱量

大家さんは孤独、しかし仲間はいます！

あなたは出張に行く準備をしています。そのとき、まずなにをしますか。

私は、まず宿を確保します。

色々な答えがあると思いますが、同じ答えの方が多かったと思います。それだけ、人は安心して帰れる場所を確保しようとしている表れだと思います。日常生活の基盤である住まいの提供者である大家さんは本当に素晴らしい職業だと感じています。

しかし、需給バランスの崩れにより、今まで通りのやり方だけではこれからの大空室時代を生き残るのは本当に難しく大変です。今までの大家さんとしてのあり方を考え直し、変化を受け入れていかなければならないと思います。

大家さんは孤独です。しかし、わかってくれる大家仲間や不動産業者が絶対にいます。そのためには地元だけでなく日本全国に視野を向けることも必要でしょう。

私は一般財団法人日本不動産コミュニティーの不動産実務検定と出会い、それを核として全国の大家さんと繋がることができました。

切磋琢磨できる素晴らしい仲間であり、出会えたことにとても感謝しています。彼らは賃貸経営に喜びを見出し努力を惜しまず楽しんでいます。凄い熱量を持ったメンバーだらけです。

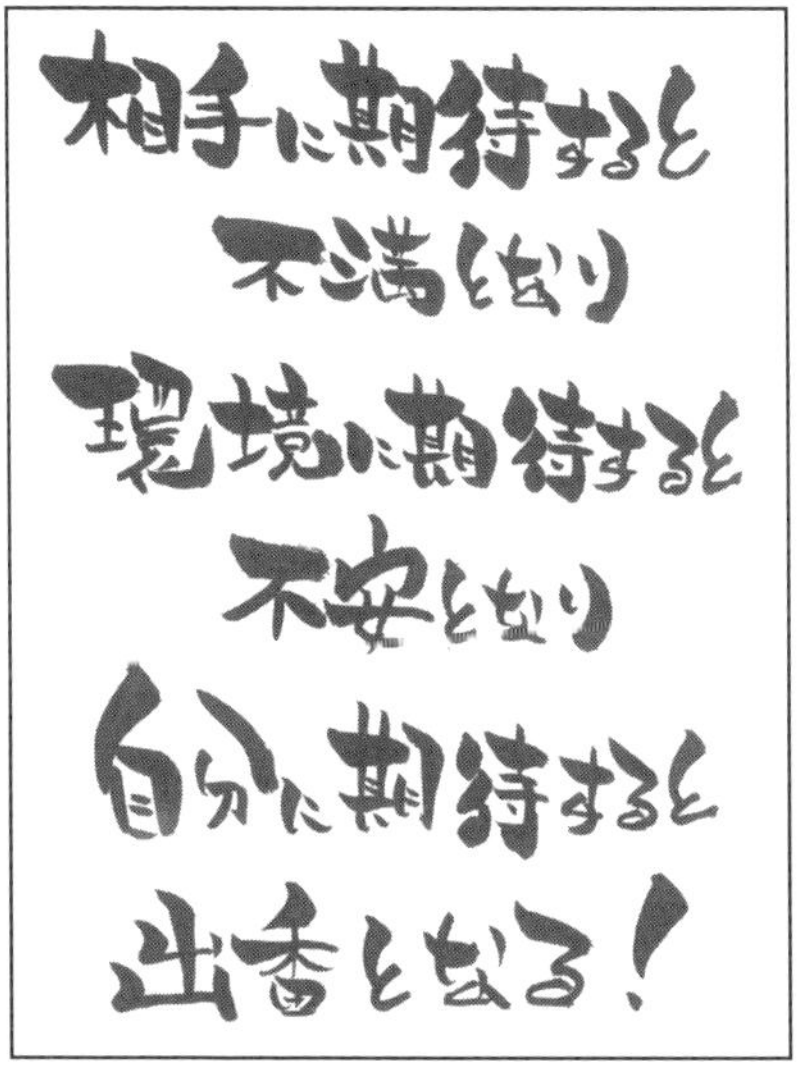
相手に期待すると
不満となり
環境に期待すると
不安となり
自分に期待すると
出番となる！

賃貸経営を成功させている彼らから学んだこと

賃貸経営を成功させている彼らから学んだことに、大家さんとしての熱量が今後の生き残りに大きく影響するということです。

「絶対に満室にする！」

「やれることはなんでもやる！」

「ファンをつくって賃貸経営を安定化させる！」

「変化を恐れずまずやってみる！」

私はずっと大家さんでいたいと思っています。

この言葉を胸に、熱い気持ちをもって賃貸経営に臨んでいきます。

おわりに

大家さんになって良かった。本当にそう思います。一般的な業界ではなく大変なことも多いですが、だからこそ経験が自分の糧になり成長できていることを実感できています。

自分の人生を変えたい。選択肢を多く持てる生き方がしたい。賃貸経営という道を選び、それまで持っていた常識を捨て行動したことで、依存しない自立可能な生き方ができるようになりました。とは言えまだ長い道のりは始まったばかりです。これからも大家さんとしてできることを探し、すこしづつでもカタチにして賃貸経営の安定化を図り、楽しんでいこうと思います。

大家仲間であり今回の出版のきっかけをいただいた赤尾宣幸さん、小場三代さん、吉原勝己さん、ありがとうございます。また、本書内容や作成に関して日野眞明さん、下川浩二さん、宮城裕さん、下地潤栄さん、竹ノ下孝平さん、鈴木香代子さん、山岸加奈さん、鵜木篤志さん、濵津綾乃さん、上泰寿さん、平山達貴さん、山元成太郎さんご協力ありがとうございます。ビジネスパートナーである山元浩さん、本当にありがとうございます。そして父・久保力、母・久保ひとみに感謝します。二人の絶え間ない愛情があったからこそ今の自分があります。本当にありがとうございます。

本書が、日本全国で頑張っている大家さんのお役に立ち、1人でも多くの「デキる大家さん」が増えていくことを願っています。

久保　力也

著者略歴

久保　力也（くぼ　りきや）

宅地建物取引主任者、公認不動産コンサルティングマスター
Ｊ－ＲＥＣ公認不動産コンサルタント、ほめる達人１級。
2007年、6年間勤めた通信販売会社を経て金なし、知恵なし、経験なしで不動産業兼大家デビュー。売上130億、会員数200万人を有する企業に勤めたのち、商材のプロモーションを最大化するノウハウを賃貸経営に応用し、物件を自らの手で満室することに成功。
全国賃貸住宅フェア（東京会場、福岡会場、鹿児島会場）や沖縄大家塾でのセミナー実績では、わかりやすい内容と再現性が高い事例紹介に定評がある。
大家自身による情報管理と発信の重要性を提唱し、大家の為の情報管理サポートツールoasis083を開発・運営。同時にデキる大家の三種の神器をレクチャーするデキる大家アカデミーを主宰。（http://d083.jp）
一般財団法人日本不動産コミュニティーの鹿児島支部認定講師として、不動産実務検定を開催し、大家のスキルレベルアップにも取り組む他、地元鹿児島の大家が参加できる、かごしま喜努愛楽大家の会を発会し、大家のネットワークづくりとセミナー＆勉強会によるレベルアップを実施している。

入居者を引き寄せ満室御礼！　大家さんのための新空室対策

2015年1月7日 初版発行

著　者　久保　力也　©Rikiya Kubo
発行人　森　忠順
発行所　株式会社 セルバ出版
〒113-0034
東京都文京区湯島1丁目12番6号 高関ビル5B
☎ 03（5812）1178　FAX 03（5812）1188
http://www.seluba.co.jp/
発　売　株式会社 創英社／三省堂書店
〒101-0051
東京都千代田区神田神保町1丁目1番地
☎ 03（3291）2295　FAX 03（3292）7687

印刷・製本　モリモト印刷株式会社

Printed in JAPAN
ISBN978-4-86367-184-3

筆者からの特典プレゼント

デキる大家さんの三種の神器の1 つであるマイソク。

空室対策に必要なこのマイソクを是非多くの大家さん自作してほしい！

その思いから本書購入特典として

誰でも簡単に作成できるサービスを準備しました。

【無料】で利用できます。

わずか３ステップでマイソク自作可能で、

ボタン1つでレイアウト変更もできます。

詳しくは、下記リンク先のページをご確認ください！

http://d083.jp/tokuten